海と生きる作法

――漁師から学ぶ災害観

川島秀一

はじめに　―それでも海は豊かだと言うべきか

東日本大震災で被災した後、初めて文字で心のなかを表現できたのは、震災から一月以上経った四月一六日のことだった。共同通信編集委員の黒沢恒雄氏から原稿の依頼があったのが三月二八日のこと、「書ける段階になったらなるべく早く、お願いします。復興の過程で、文化の視点が抜け落ちてしまうおそれがあるので」という、ファックスの文字が、ずっと気になっていた。私は一字一字を、瓦礫から拾い上げるような思いで、次のような文章をつくって投稿できた。

「二〇一一年三月一一日、東日本大震災による大津波で、私は母と家と、そして故郷（宮城県気仙沼市）とを目の前から同時に失った。

外からのさまざまな分野の研究者や評論家は早くも、今のうちに津波の記録を残すべきだと論じ始めたが、被災者は当初、津波の記憶は忘れたいと願っていた。震災から一週間は、被災者の大半は誰しも、これは悪夢が続いているだけで、翌朝起きたときには通常の世界に戻っていてほしいと、そう願いながら浅い眠りに入ったはずである。

被災者が現実を受け入れたときは、それはむしろ、震災前の記憶を呼び戻そうと努力していた。過去の記憶を呼び起こすよすがを、目の前から全て失った者にとって、どんな些細なものでも瓦礫の中から探し出そうと努力していた。

その震災前の日常とは、私が長いあいだ、三陸沿岸を歩きながら聞書きを続け、記録していった漁労をめぐる生活と重なるものでもあった。失ったものは、その過去につながる日常を記憶していた多くの人間と、その生活を目に見えるかたちで確認できるものと、それらを記録した資料とである。

かつて三陸沿岸を歩いていたとき、峠を越えるたびに、湾の向こうには集落が見えて、晴れた日などは屋根がキラキラと光っているのが遠目でも確認でき、そこへ行き着くために先を急いだものだった。しかし、今はその屋根の反射光がどこの湾からも消えている。

網野善彦氏からは日本常民文化研究所で借りていた気仙沼地方の古文書を、九〇年代に直接に足を運んで返却していただいたが、それらの古文書も、小々汐《こごしお》の尾形家でも舞根《もうね》の畠山家でも流失してしまった。瓦礫の中に、誰の所有者かわからない漁具も見え隠れしている。これらの文化的な損失は、「復興」という言葉だけでは回復できないものである。

入り組んだ地形の湾に大小の川が山から直接に流れ落ち、外海から隔てられたおだやかな汽水域を育てたリアス式海岸は、多くの魚が寄り来る天然の漁場であった。しかし、その海岸は魚や幸だけでなく、津波も寄り上がる地勢を有していた。

そのような幸も不幸も神からの「寄り物」として全て受け入れる諦念と懐の広さとが必要と

でもいうのだろうか。今こそ、津波に何度も来襲された三陸沿岸に生き続けた漁師の、そのような運命観、死生観、そして自然観に学ぶときなのだろうか。そして、津波に打ち勝つためにも、それでもなお、海は豊かだということを私は言うべきなのだろうか。

ただ一つわかったように思えたのは、三陸の漁師たちは海で生活してきたのではなく、海と生活してきたのではないかということである。海と対等に切り結ぶ関係をもっていなければ、今後もなお漁に出かけようとする心意気が生まれるはずがない。そのような積極的な生き方に、私自身、もう少しだけ賭けてみたい。日はまだ暮れてはいないのだから」

タイトルが「それでも海は豊かだと言うべきか」と反語体で書かれたと同様に、この文章の最後には反語体が重ねられていた。当時の心のありようとしては直接的な表現と思われるが、震災後の六年は、この反語体が、「〜だろうか」から「〜である」へと、少しずつ確信を取り戻していく時間でもあり、今でも基本的にこの姿勢に変わりはない。

この共同通信の記事は、「熊本日日新聞」(二〇〇一年四月二一日)を皮切りに、五月の連休にかけて「河北新報」など多くの地方新聞にも掲載されていった。

その後、気仙沼市では震災の年の一〇月に「気仙沼市震災復興計画」の冊子を作成するが、九月にそのキャッチフレーズを募集し、一四八件の応募から市民委員会で選考された言葉が「海と生きる」であった。その気仙沼市震災復興市民委員会の説明には次のように書かれていた。

「先人たちはこれまで何度も津波に襲われても、海の可能性を信じて再起を果たしてきた。

人智の及ばぬ壮大な力としながらも、海を敵視せず、積極的に関わりあって暮らしてきた。それは、単に「海で」生活していたのではなく、人間は自然の一部であることを経験的に体得し、対等の関係を築いて「海と」生活していたとも言える。その態度が自然観や運命観、ひいては死生観となった。気仙沼の観念は海にある。いまを生きる世代が再び海の可能性を信じ、復興を成しとげることが犠牲者への供養となり、次世代への希望となろう。理念を超えた観念をメッセージ化したものが「海と生きる」である」

この文章と初めて出会ったとき、少し盗用されたかなと疑念をもったわけでもなかったが、私が立ち上がる機縁となった文章が、故郷の気仙沼市の復興スローガンに生まれ変わったとしたなら、これほど光栄なことはないだろう。

この「海と生きる」ということの意味を、気仙沼市の復興とともに考えてみようというのが、本書のねらいである。

目次

装幀／富山房企畫　滝口裕子

Ⅰ　三陸の海から

一、三陸の海と信仰

はじめに

黒潮と親潮が交わる三陸沖は、世界有数の漁場である。南北に伸びたリアス式海岸の複雑な海岸線に沿って、多くの個性ある漁村が生まれた。

一六世紀後半には牡鹿《おしか》半島でマグロの定置網漁が行なわれ、一七世紀後半には紀州から唐桑《からくわ》半島にカツオの一本釣り漁法が伝わった。一八世紀には、イワシの〆粕《しめかす》などの出荷が海運を通して増大し、港町も発達してくる。現代の遠洋漁船は、七つの海へも向かい始めた。特に、江戸時代から沖船の象徴でもあったカツオ船は、危険を伴う漁場で操業することから、多くの神事や習俗を伝えてきた。また、当時の大型船として、村の者たちのほとんどが関わってきたために、漁船の上だけでなく、漁村の行事としても、漁労組織に影響され、長いあいだ地域の生活文化を育んできた。カツオを大漁したときの喜びは、大漁旗や大漁カンバンに表され、「大漁唄い込み」という歌は、櫓をこぎながら沖から河岸に向かって歌われた。海という自然に向き合い、格闘しながらも、自然の力を引き出してきた者だけがもつ、海に対する特有の怖れと敬いによって築かれてきた世界の一端を紹介する。

エビス石と石仏

この列島には、海からの「寄り物」をエビスと捉える信仰があるが、三陸沿岸も例外ではなかった。

たとえば、明治二七（一八九四）年に、気仙沼湾の大島の小浜《おばま》に大ザメが寄り上がり、村人が食べた残骸を「奉祭恵部大神」として祀ったが、この「恵部」はエビスのことである。また、大正四（一九一五）年には、岩手県洋野《ひろの》町種市《たねいち》の沖から浮流してきたクジラを解体し、その頭骨を祀ったのが「エビス様」であり、「恵姫大明神」という石碑も建立した。大正六（一九一七）年には、岩手県大船渡市の赤崎《あかさき》の沿岸に、六〇〇頭ものイルカが押し寄せ、浜に上がったので村中総出で捕獲した。翌年には、上がった浜に「恵宮」と刻されたエビスの祠が祀られた。シャチに追われた寄りイルカであったものと思われる。このようなサメやクジラ、イルカなどの海洋生物が浜に寄り上がったときに、その恵みをいただいたがゆえに、「恵」という漢字を充てることでエビスを表記してその感謝を小祠に込めたわけである。

これらの海洋生物にかぎらず、浜に寄り上がった石も「エビス石」と呼んだ。岩手県宮古市磯《そ》鶏《けい》の黄金浜《こがねはま》に建立されている「龍神碑」には、明治二八（一八九五）年に高波の際に浮き上がってきた石を「蛭子石《えびすいし》」と称して祀ったことが刻まれている。すでに石自体は見ることができないでいたが、二〇一一年の東日本大震災で、この「龍神碑」自体も消滅した。また、青森県八戸市鮫《さめ》の西宮神社の「恵比須石」は、南部藩八大藩主が命名したと伝えられ、それ以前は「仏石」と

岩手県久慈市久喜の恵比須神社に奉納された「石仏」(02.5.27)

呼ばれていたという。

岩手県久慈市久喜《くき》の恵比須神社の裏には、沖や海岸で拾われた宝珠型（人が座っているような形）の石が数多く奉納されているが、こちらでは「石仏《いしぼとけ》」と呼んでいる。この場合のホトケとは死者のことである。沖や浜で石を拾い上げ、その石が人の形をしていたとき、それは海で命をとられた者の変わり果てた姿と思われた。各家々でそれを恵比須神社に奉納することで、家の安寧や沖で漁をする者の安全を願った。「石仏」とエビスとの深いつながりを明らかにしているが、久喜では、死人のことを「エビス」と呼んでおり、石仏を祀ることによって、「福神さま」として大漁も約束してくれたからである。

また、久喜では漂流死体のことは「エビス」とは呼ばずに「シビ」と呼び分けているが、沖でオホトケ（水死体）を拾うときには、「大漁をさせろよ！」とホトケに語りかけ、他の者が「捕らせっから、捕らせっから！」などと答え、問答をしながら船に積み込むことも、流れ寄ったオホトケが大漁を授けてくれるものであったためである。沖で拾い上げた石のことを、一方では「エビス石」と呼び、他方では「石仏」と呼んではいるが、同じような力能を有した石であった。エビス像として、タイを抱えた夷三郎像が定着するのは、これらの漂着した石に対する信仰よりも後のことである。

なお、久喜の「石仏」は、子どもが病気などになり、イタコ（巫女）のもとにお祓いにいったときなどに、祀り始める場合も多かった。たとえば、その子どもが漂着した石をたたいたりした体験が近日中にあった場合、その石が子どもに祟り、「石仏として祀られたいために障《さわ》りを起こした」などとイタコが説明するからである。イタコのような宗教的職能者が、エビス石の祭祀の発生に、大きく影響を与えていたのである。

「失せ物絵馬」と龍神信仰

宮古市磯鶏の「蛭子石」が、後には「龍神碑」として祀られたように、エビス信仰と龍神信仰は重ねられて受け取られた場合もある。しかし、一般的には、エビスが、海の彼方から流れ寄ってくるような、どちらかといえば水平的にイメージされるのに対して、龍神の場合は、より海の底から到来するような、垂直的なイメージをもって迎え入れられているように思われる。

宮城県南三陸町歌津《うたつ》の名足《なたり》にあった「八大龍神様」は、タコ漁の目印にしていた海底の岩が、ある日、岩礁に乗っていたために運んできて祀った石である。大船渡市赤崎町外口《そとぐち》では、明治二九（一八九六）年の三陸大津波で上がった津波石も「龍神」として祀っている。

海に金物を落とすと漁に当たらなくなるという俗信も、その金物を忌み嫌うのは、海の底の

「失せ物絵馬」（岩手県大船渡市三陸町越喜来の八幡神社、02.4.22）

「龍神」であると伝えられているところも多い。もし金物を落とした場合には、その落とした金物を紙に描いて、浜に面した地元の神社に奉納することが三陸沿岸には見られるが、その紙絵馬のことを「失せ物絵馬」という用語で捉えることができるであろう。大船渡市三陸町下甫《しもほ》嶺《れい》では、「失せ物絵馬」は「八大龍神」の石碑の表面に、そのまま貼り付けてあった。金物を落としたことにしないで、「奉納」することに換えたその対象は、「龍神」であったことが理解される。

「失せ物絵馬」の分布地域は、岩手県釜石市の南部から牡鹿半島までであり、三陸沿岸以外では福島県のいわき地方と神奈川県三浦市三崎の神社だけに、わずかに見られる習俗である。金物の禁忌は全国的に伝えられているものの、それを破ったときの対処法となると、「失せ物絵馬」は三陸地方を中心とする特徴となっており、いわき市や三浦市には近海漁船の乗組員を通して伝わったものと思われる。釜石市の北部から北と仙台湾においては、金物を落としたときは、宝剣を奉納する地域である。

また、龍神は、ときにヘビの姿を借りるものとされている。たとえば、不漁が続いたときに、岩手県南部や宮城県でオカミサンと呼ばれる巫女にフナズマイという祈祷をしてもらうことがある。そのときに巫女に龍神が憑《つ》いて、「おれが行く前を船が横切ったためだ」と不漁の原因を語ることがある。時化《しけ》上がりには、よくヘビが泳いでいることがあり、漁船が泳いでいるヘビの先を切ってしまうことを、漁師は日頃から忌《い》んでいたからである。もちろん、不漁の原因を、海に金物を落としたためという託宣として巫女からいただくこともあるが、このような巫女が「失せ物絵馬」の習俗を盛んにしたことは否定できない。このことが旧仙台藩の三陸沿岸に集中して「失せもの絵馬」が多く分布している理由と思われる。

船霊様

金物禁忌を破ったという託宣をする巫女に憑いて一人称で語る神様は、龍神ばかりでなく、オフナダマと呼ばれる、船に祀られている神様も多い。

オフナダマは、三陸沿岸の場合、タツと呼ばれる船首にあり、寄港のときに陸とロープでつながれる小柱の下に祀られることが多い。御神体は男女の紙人形に、カツノキで作られたサイコロを二個、銭を一二枚（ウルウ年は一三枚）、五穀、天照皇大神宮のお札などを、小柱の下の部分に長方形の穴をあけて、そこに入れ込むことが一般的である。岩手県大槌《おおつち》町の安渡《あんど》では、これらのほかに、勝気で気のきいた幼女の髪の毛を入れた。大漁をしたときには、この子にカケノヨと呼ばれる魚を上げ、漁の切り上げのときには、この子に衣服を買って与えたという。カケノヨとは大漁したときに、ムラの神社に上げる魚のことである。宮城県気仙沼市の唐桑町では、オフナダマに船大工の夫人の髪の毛を入れる船もあった。

総じてオフナダマには女性が関わることが多い。大船渡市赤崎町では、オフナダマに入れる人形は船大工の娘が作り、同市末崎《まっさき》町では船大工の夫人が作る。唐桑町の鮪立《しびたち》では、船下ろしのときに、タツに結ばれた綱を切る役割は、船主の娘であった。気仙沼市の小々汐《こごしお》では、このオスミノツナを切るのは妊婦である。宮城県石巻市雄勝町船越《おがつちょうふなこし》では、カツオ船が帰港した際にフナダマに供える膳のことを「オフナダマ膳」と呼び、これを持って迎えるのは、船元の主婦であったという。

船が不漁続きのときにオカミサンに祈祷してもらうフナズマイは、オフナダマアソバセとも呼ばれるが、特に後者の場合、巫女に憑いて一人称で語る神様はオフナダマである。巫女はこのときに「お船霊の祭文」を唱えることで、フナダマを憑依《ひょうい》させる。同じ祭文は船大工が巻物に書いて伝えている場合もある。

カツオ船などの大型船などの上では、オフナダマに対して献膳を行なうのは、カシキと呼ばれる炊事役の少年である。そのために、オフナダマが女性であるにもかかわらず、カシキのことを「オフナダマのオガタ（女房）」とも称されている。船が遭難してもカシキだけは助かるという伝承も、オフナダマとの関わりが深い役割のためである。

アンバ様

巫女が伝承する「お船霊の祭文」の中には「帆柱は大杉大明神」と語られる詞章があるが、船では帆柱が「アンバ様」だと漁師が語っている地方がある。

このアンバ様は、本社が茨城県桜川村阿波に鎮座している大杉神社のことである。アンバ様に関わる信仰も利根川を経て、東北太平洋沿岸を北へ北へと伝えられてきたものであり、岩手県の普代《ふだい》村まで分布している。

近世の江戸の流行神でもあり、神輿などが飛び回り、「アンバ大杉大明神、食ったり飲んだりヨイヤサ」などと騒ぎ立てたことが、江戸の随筆類に散見される。仙台藩では、元文三（一七三八）年に、まず石巻に勧請され、またたくまに仙台藩の浜々を南下して、荒浜（亘理町）まで流行し、同年に藩から禁令が出された。翌年に気仙沼に勧請したのは、三人の廻船問屋によるもので、別ルートで流入してきたものである。祠や神輿以外に、特別に御神体のない神様でもある。

福島県のいわき地方では、昭和四〇年代まで、大漁が続いて若い漁師たちが働き疲れたときに、夜のうちに浜や市場に船具を集めてきて臨時に「アンバ様」を祀ると、明朝は漁の休みとなった。アンバ様が祀られている石巻市牡鹿町の寄磯でも「今日はアンバさんだ」と言って、臨時に漁師たちが船止めをして、船頭の家に集まって、一日中、酒などを飲んで過ごしたことがあったという。気仙沼の町でも、子どもたちが学校を休んで「山学校」をすることを「今日はアンバはんだ」と語っていた。

アンバ様は、山を背にした三陸沿岸に入ると、海に面した小高い山に祀られることが多い。気仙沼の「アンバ様」は「安波山《あんばさん》」という山名となって親しまれた。ここでは「アンバ様の野がけ」とも呼ばれ、アンバ様の信仰が本来もっている奔放的なエネルギーが、祭日として年中行事に残されている。この日は弁当や酒を持ち寄って安波山に登り、春の日長を楽しむ、港町の開放的な一日であった。学校は半ドン、銀行も商店もすべて休業して山に登り、気仙沼の町はその日だけはゴーストタウンのようになった。酒にまかせて暴れまわる者も多く、「血煙りアンバはん」という異名もあった。

岩手県山田町の大杉神社の祭日には、急速に動き回る神輿の後を、旗指物のようなものを持った大勢の者が追い回すが、近世のアンバ様を想像させるような賑やかさである。釜石市の唐丹《とうに》本郷の大杉神社は、スルメ（イカ）の不漁のときに「常陸坊海尊」を名のる旅の山伏によって伝えられている、「安波大杉大明神、悪魔を祓ってよいがなあ」という不漁祓いの唱え言とともに勧請されている。アンバ様も、大漁を呼び込むという漁師たちの心意気によって、三陸沿岸に定着していったものであった。

おわりに

以上のように、三陸沿岸の海の信仰を概観してみた。他の沿岸地域との大きな違いを挙げるとすれば、巫女などの宗教的職能者に憑いた龍神やオフナダマが漁師に指示を与え、そのことによって海に対する信仰と信頼を深めていることである。むしろ、巫女と漁師とは相互に情報を与え合っており、その情報とは、現世とは別な他界の情報であり、漁師も沖の海という他界で遭遇した不可思議な体験を巫女に占ってもらうことで、双方から独自な世界観を創ってきたものと思われる。

注：本稿は二〇〇二年に開催された宮城県慶長施設船ミュージアム特別展「海の信仰」の図録に掲載された拙稿の「三陸の海の信仰」に加筆訂正して改稿したものである。二〇一一年の東日本大震災による大津波により、本稿に載せた石像や石碑資料の一部が流失したことを記しておきたい。

二、三陸の歴史と津波―海と人とのつながり―

はじめに

これまで見向きもされなかった地域がにわかに注目を浴びてきた。東日本大震災以後の「三陸沿岸」のことである。「何かをしなければ」という大合唱のもと、多くの研究機関や学会が雨後の筍のようにプロジェクト・チームを立ち上げ、三陸沿岸に乗り込んできた。「東日本大震災」という言葉を用いれば、だいたいは科学研究費が獲得できたときである。その意味では、震災後に三陸沿岸に食らいついてきたゼネコンとあまり変わりはない。

彼らは三陸沿岸の覚えたての地名を口から迸《ほとばし》りながら、夢や復興を自治体に売り始めた。行政側からは、どこかのシンクタンクに丸投げしたような「水産特区」が構想され、生業と生活とを切り離すという生易しくない問題を、いとも簡単に語り始めた。生命の安全という大看板を立てることで、それまでの生活感覚が排除されたプランが外からも内からも無数に排出されてきた。

彼らが入ってきてから生まれた新しい地名の呼称がある。岩手県の陸前高田市のことを指す「リクタカ」という略称であり、いとも簡単に喋り散らす。北隣の大船渡市でも南隣の宮城県気仙沼市でも、陸前高田市のことは「タカダ」とは言っても「リクタカ」とは語らない。三陸沿岸に住む人々の感じている地名感覚から、すでに彼らは離れている。ましてや生活感覚などは考えようとさえしないであろう。

本節では、震災前の三陸沿岸の、生活感覚や歴史的認識が排除された復興計画は必ず失敗するということを明らかにするために、三陸地方の歴史と津波という災害との関わりを簡潔にまとめておく。

埋立てと河川流路の歴史

はじめに、宮城県気仙沼市の埋立ての歴史と市街を流れる河川の流路の変遷を例にしながら、それと東日本大震災による大津波との関連を述べてみたい。

東日本大震災による津波とその後の火災によって壊滅した宮城県気仙沼市の市街地は、近世の初期から「細浦《ほそうら》」と呼ばれていた峡湾を埋め立てることによって町を形成してきた。三陸沿岸の港を有していたところは、ほとんど気仙沼と同様の埋立ての歴史をたどっている。

港は故意に「埋め立てない」ということで造られ、帆船が風除けや風待ちができるところにできあがった。つまり、当初からリアス式海岸を利用した「自然の良港」であったのではなく、港そのものが人間の手が加わった文化的遺産だったのである。

さらに、気仙沼の近世においては、港から離れたところに入浜式の塩田があり、海ともオカ（陸）ともつかない曖昧な区域であったが、近代以降はオカの論理が勝って埋め立てられていった。それでも海苔柴などを立てて養殖ができるような海はまだ残っていた。さらに第二次世界大戦後の高度成長期には、これらの海までつぶしながら埋立ては湾内の沖へと向かって進んでいった。その場所には商港も兼ね備えた一帯をめざして、魚市場が移転され、水産物の冷凍施設や加工施設、魚問屋などが立ち並び、いつしか住宅地も建てられるようになった。それを「伸び行く気仙沼」として、まちの「発展」の象徴として謳歌されてきたのである。

しかし、今回の大津波は見事なまでに、この近世から現代にかけて埋め立てたところだけが浸水している。かつての塩田地帯に建っていた多くの建築物は海にさらわれてしまった。気仙沼の震災後の風景は一変して、近世初頭の風景に戻ってしまったのである。この津波は、気仙沼の近世からの歴史をすべて否定してしまったような自然災害であった。

人間が埋め立てしたところには、いつかまた海が取り返しにやってきて、自然が揺り戻される。津波常習地である三陸沿岸は、なおさらその経緯を繰り返してきたと思われる。

また、気仙沼市内には大川と呼ばれる河川が海に注いでいる。今では気仙沼湾内に浮かぶ大島へ向けて流れているが、藩政時代にはその河口は大島より湾頭に位置する小々汐《こごしお》の岬へ向けて流れていた。湾頭には鹿折《ししおり》村の村人たちが塩田を開いていた。この村の御塩師たちが、大川によって真水が湾頭に運ばれ、良い塩ができないことを理由に、大川の河口を少し湾口へ向けて流してほしいことを大肝入《おおきもいり》に訴えたのであった。当時の生業の中心から捉えるならば、森は海の「恋人」どころか「敵」だったのである。

近世半ばのこの大工事は、大川を村境とする気仙沼村と赤岩村との境界論争にも発展したが、ほぼ現在の流路に落ち着いた。しかし、今回の東日本大震災による大津波のいくつかの映像記録を見るかぎり、現在の大川の河口だけでなく、旧大川の河床まで突破口にして市内に押し寄せた形跡がある。

この事例のような歴史的な出来事をおさえておかなければ、どんなに斬新な復興計画を立てようと、必ず失敗するに違いないのである。

「海の十字路」から「陸の孤島」へ

さて、東北文化論の古典であり白眉でもある、柳田国男の『雪国の春』（一九二八）を例に考えてみよう。その柳田が「東北」をどのようにイメージをしていたかということを物語る一文が、同書の「おがさべり」の中にある。

「この細長い日本という島は、常にチューブのごとくまた心太《ところてん》の箱のごとく、ある力があって常に南方の文物を、北に向かって押し出していたのである」（注1）

この柳田の東北のイメージは、本州の北端に「東北」地方があり、常にそこには南から心太のように突き出されてきた人間や文化の動きがあり、その「東北」に留まっているという、いわば吹き溜まりの印象である。つまり、陸という枠組みの中だけで、「東北」をイメージしており、その後の多くの東北文化論も東北学も、この轍の上を歩んでいる。

しかし、柳田の「おがさべり」には、もう一つ、印象深い文章も載せており、それは先の「東北」のイメージを一変するものでさえある。

「オカという名は三カ所ともに、海に突き出した地であるのを見ると、陸地を意味するオカがもとであって、海角なるがゆえに最も早く目に入った陸地、すなわち海上にある者の命名するところであり、したがって海から植民せられた土地と見てよかろう」（注2）

この文章の中で採り上げられている「オカという名」の三カ所とは、男鹿半島・福岡県の岡の湊（芦屋町）・牡鹿半島のことである。陸のことをオカと呼ぶ人々は、列島に住む漁師や船上を生活の場とする者のほとんどが該当する。気仙沼湾内に抱かれるように浮かんでいる大島の人々でさえ、船で約三〇分しか要さない気仙沼の町へ行くことを「オカへ行ってくる」と言っている。つまり、東北地方の日本海側の男鹿半島と太平洋側の牡鹿半島ともに、海からの命名であり、「東北」へ海から人々が入ってきたことを述べている。柳田は、陸封された「東北」のイメージだけではなく、絶えず海から揺さぶりをかけられている「東北」のイメージも捉えていたと考えてよいであろう。そして、それはその牡鹿半島を南限とする「三陸沿岸」のイメージでもあった。

以上に述べてきた『雪国の春』の前者だけのイメージを持ち続けて、三陸沿岸に来た詩人に高村光太郎がいる。昭和六（一九三一）年に、女川《おながわ》から三陸汽船に乗って気仙沼港に午後七時半に着いた光太郎は、第一印象を次のように述べている。

「船から見た気仙沼町の花やかな燈火に驚き、上陸して更にその遺憾なく近代的なお為着《しき》せを着てゐる街の東京ぶりに驚く」（注3）

光太郎が来た年の気仙沼は、昭和四（一九二九）年の大火の後の、復興の槌音が響いていたころである。大正四（一九一五）年の大火のときもそうであったが、気仙沼の町と港は、大火後に当時の文明を全面的に受け入れることで復興する。主に物資の運搬船を介した東京直輸入の文化が導入されたわけであって、光太郎が見聞したのも、新時代の息吹そのものであった。婦人会の隣保事業、公衆用水道栓、日本百景当選の記念碑、道路の街灯、新築の警察署、広壮な小学校でのテニス競技、学術講演会、塩田の歴史を記した立て札、浪花節にシネマ、銀座裏まがいのカフェ、「社会施設の神経がひどく目につく」とともに、「おそろしく至れり尽せりの外客設備」に旅人は茫然としてしまうと、記されている。そして光太郎は、次のようにも記した。

「柳田国男先生の『雪国の春』という書物をかねて愛読していた私は粗忽千萬にも気仙沼あたりに来ればもうそろそろ「金のべココ」式な遠い日本の、私等の細胞の中にしか今は無いような何かしらがまだ生きているかも知れないなどと思っていた」（注4）

東北に住んでいる者からすれば、この「金のべココ」のイメージは「粗忽千萬《そこつせんばん》」どころか「失礼千萬」に当たる考え方であるが、要するに『雪国の春』の一部のイメージだけを捉えた誤読であり、その後の多くの東北論もこの「金のべココ」の後を追っていることは繰り返すまでもないだろう。

高村光太郎が気仙沼を訪れた二年前に気仙沼駅が開業し、二年後には三陸汽船が廃業するわけだから、光太郎は気仙沼の交通体系が船から汽車へと変わろうとする寸前に、旅行者として立ち寄ったことになる。明治以降、鉄道網が敷かれ、東京中心に放射線状に交通体系が築かれるにつれて、三陸沿岸は「海の十字路」ではなく、「陸の孤島」と呼ばれるようになっていく。光太郎が見た気仙沼の風景は、三陸沿岸が「海の十字路」であった時代の最後の光景でもあったわけである。しかも、その災害後の復興の「東京ぶり」は、大正四年の大火のときも同様であったように、まだまだ海運の力によるものだったのである。

三陸沿岸と廻来船

柳田国男は大正九年に三陸沿岸をあるいたとき、日記も付けているが、その日記の中で、気仙沼でカツオ船に働いている房州の者のことに触れている(注5)。全国にわたる漁船の動力化によって、気仙沼へも「廻来船」が入港するようになるが、茨城県の漁船が入港するのが明治三八(一九〇五)年のこと、次いで三重県尾鷲《おわせ》市のカツオ船が初めて入港したのが大正五〜六(一九一六〜一七)年のころであった。

宮城県でも、この漁船の動力化により、漁獲高が飛躍的に上昇し、大正元(一九一二)年に日本全国で二七〜二八位であったのが、同一一(一九二二)年には第八位までになる。大正十年代は、日本の近海漁業の意気盛んな時代であったのである。

大正一一年に気仙沼の映画館で製作された活動写真「気仙沼港・実況」には「外洋ハ直チニ世界有数ノ漁場タル金華山沖漁場ヲ控エ一ヶ年ノ生産額優ニ一千曼《まん》円ニ及ブ。又出入ノ船舶絶エルコトナク海産商工業ノ旺盛ナル我ガ東海岸稀有《けう》ノ地ト云ハル」とある。柳田国男が気仙沼に訪れた大正九年は、日本で初めての冷凍工場が気仙沼と北海道の森町に建設された年であり、チクワの夏季の出荷がこのために可能になった。柳田は、まさしく気仙沼の躍進期に訪れたわけである。

しかし、漁船が動力化する以前にも、三陸沿岸には東廻り海運の廻船だけでなく、藩を越えた紀州船を中心に漁船が出没していた。現在、生鮮カツオ水揚げ日本一を誇る気仙沼地方に、カツオ一本釣り漁の漁業技術が定着するのも、この紀州船のお蔭であった。延宝年間（一六七三〜八一）には、紀州の捕鯨も兼ねたカツオ船は、三陸沖で活躍していたが、紀州船五艘約七十人を抱え込み、カツオ一本釣りの漁法を習得しようとしたのが、気仙沼市唐桑町鮪立《しびたち》の鈴木家であった。大人数の余所者《よそもの》を唐桑村で抱え込んだわけだから、周囲では村自体の疲弊を心配して、鈴木家を訴えた。

鈴木家文書によると、周囲の反対による訴訟が始まるのは、延宝三（一六七五）年のことである。しかし、一人前ではない家の百姓たちと子どもに「末代の重宝」にも成る漁法を習得させることで、その後の気仙沼港の基礎をも作ることになった（注6）。

つまり、紀州から伝わったカツオ一本釣りの漁法によって、飛躍的にカツオの水揚高を上げてゆくわけだが、同時に気仙沼湾内で餌イワシを捕る、二艘曳きのイワシ舟曳き網も鹿折《ししおり》の四ヶ浜《しかはま》を中心に盛んになってくる。このイワシ網は、近世からその漁期が「夏網」と「冬網」とに分かれていた。夏網ではカツオの餌として捕るが、冬網で捕ったイワシは、主に〆粕として加工され、鰹節とともに、気仙沼の町を中心に廻船問屋を成立させていく重要な商品となった。三陸沿岸の漁業の発達は、西日本や関東からの直接的な漁業技術の流入だけでなく、関東や関西などで作られた綿・菜種・藍などの魚肥として利用され、〆粕が大量に買い求められ続けたことも背景にある。

この鮪立の鈴木家自体が紀州の出自で、紀州の牟婁《むろ》郡から勧請された新宮・本宮を祀る室根神社（岩手県一関市室根村）の大祭での役持ちの家でもあり、一説には唐桑沖からの塩水の献上役であった。熊野と関わる室根神社には、神様自体が唐桑から上陸したという縁起をもつ。

つまり、漁船の動力化以前から、紀州を中心として多くの人間と文化とが、海を越えて到来してきたわけであり、三陸沿岸は東北の海の玄関口の一つであった。三陸沿岸が近代以降、内外から「陸の孤島」と言われ続けてきたわけであるが、「海の十字路」という歴史的な厚みを再度、認識し直すことで、今回の震災後の復興も考えるべきではないかと思われる。

おわりに

東日本大震災では、三陸沿岸で用いられていた多くの漁船も奪いとった。震災前には岩手県で約一万五千艘、宮城県で約一万三千艘あった漁船が、それぞれ一〇パーセントしか残らなかった。三重県漁業協同組合連合会では二〇一一年五月に「中古漁船輸送プロジェクト」を立ち上げ、三陸沿岸へ向けて漁船の支援を始めた。三重県のカツオ船は岩手県・宮城県の港に毎年カツオを水揚げし続けていたからである。

六月には函館から岩手県の久慈へ向けて、二二八隻の中古船が運ばれた。函館では、昭和九(一九三四)年の函館大火のときに久慈から支援を受けたので、そのときの恩返しとは言ってはいるが、函館から昆布の種を久慈へ運んだり、函館のイカ釣り船が久慈港に立ち寄るなどの、日常的な交流という基盤があってこそ生まれた支援であった。

これらの例は、三陸沿岸がそもそも漁師を介した流動的な社会であったために、成立することが可能であった災害支援のありかたである。この特性を活かすことによってしか、三陸らしい復興はあり得ないように思われる。

注1　柳田国男『雪国の春』(岡書院、一九二八年〔引用は角川文庫版〕、二〇一一年)一八六頁
2　注1と同じ。一七五頁
3　高村光太郎、北川太一『光太郎　智恵子　うつくしきもの―「三陸廻り」から「みちのく便り」まで』(二玄社、二〇一一年)六三頁
4　注3と同じ。六三〜六四頁
5　柳田国男「大正九年八月以後東北旅行」『民俗学研究所紀要第24巻別冊』(成城大学、二〇〇〇年)二五四頁
6　宇野修平『陸前唐桑の史料』(日本常民文化研究所、一九五五年)一八〇頁

三、「東北」の過去から未来へ向けて――津波と三陸沿岸をめぐって――

はじめに

二〇一一年三月一一日に起こった「東日本大震災」と呼ばれる自然災害は、多くの人間の目を「東北」へ釘づけにさせた。そして、「東北」のイメージを再認識するとともに、再度つくり始めたことも事実である。それはまた、過去において、東北地方に自然災害が起こるたびに「東北」のイメージをつくり変えてきたという歴史を、また繰り返している。

とくに、「三陸沿岸」と、そこを繰り返し襲っている「三陸津波」とは、文化的にも非常に大きな関わりがある。まず「三陸」という地名の、通常に使用されている現在の範囲（八戸市の蕪《かぶ》島《しま》から石巻市の金華山までの沿岸）を示す言葉として定着したのが、明治二九（一八九六）年の三陸大津波を機縁とする。そもそも「三陸」は、明治維新後に、かつての仙台藩・南部藩の領域を三ブロックに分け、「陸奥《むつ》」・「陸中《りくちゅう》」・「陸前《りくぜん》」という呼称を与え、それらを総称して「三つの陸」と捉えることで生まれた地名である。しかし、明治三陸津波を機に、その被災地を簡潔に総称する地名として「三陸」がマスコミに使用され、それが後に、北上山地の太平洋沿岸という限定的な地名として、該当地域でも使われていったのである（注1）。

また、この明治の三陸大津波は、三陸の「言語」が解し難い方言、あるいは「閉口」する方言として発見され、津波の被害の大きさとともに中央に伝えられるに至った（注2）。いわゆる「東北弁」の特徴である「ズーズー弁」の発見でもあり、津波を通して「三陸」から「東北」までイメージが拡大されてしまった事例でもある。

今回の東日本大震災においても、ただちに現れたスローガンは「がんばれ岩手」や「がんばれ宮城」であったはずだったのが、いつのまにか「がんばれ東北」になり、最後には「がんばれニッポン」になった。

「絆」という言葉とともに、中央やあらゆる地方から、政治家や行政マン、研究者、マスコミ関係者やタレント、ボランティアなどが、わがことのようにして、被災地の三陸沿岸に入っていくことで、「がんばれニッポン」のスローガンは定着していった。しかし、被災地である三陸沿岸の人々は、大津波後の人間の襲来により、たしかに助けられたという反面、未だ、とまどいの中で生活している。

いつの世でも、自然災害の後にやって来るのは「人災」であったからである。

この節では、三陸沿岸における、過去の津波による産業や文化の変移と、中央からのイメージの変遷等の問題に触れながら、「三陸」と「東北」という言葉が、津波という自然災害によって、イメージが揺れ動き、そのイメージが「三陸」と「東北」という二つの地名の振幅のなかで、どのようにつくられてきたかということを中心に述べてみたい。

チリ津波後の漁港整備と養殖業の発展

今回の津波の後、三陸沿岸に対する固定的なイメージが醸成されたのは、「半農半漁」の「里《さと》海《うみ》」と呼ばれるような漁村であった。それは「里海」と呼ばれる流行語とともに、震災前からイメージされてきたことではあるが、大津波で一掃されてしまった漁村を復活させる理想のイメージとしても目指されているのである。そして、その「里海」のイメージの背景にあるのも、「東北の鄙《ひな》びた漁村」という、「東北」という言葉に伴う固定観念であったことも見逃せない。

しかし、この「漁村」のイメージは、歴史的な出来事を起源として生成されたものであり、その出来事も、やはり津波という自然災害であった。それが、東日本大震災による大津波より一つ前に三陸沿岸を襲った、昭和三五（一九六〇）年五月二四日のチリ地震津波である。地震の揺れが感じないままに来襲した津波であったことや、この後「TSUNAMI」という用語が全世界的に定着したことだけでなく、日本の高度成長期に起こった津波であったことも、その特異性とともに、今回の津波とその復興を考えるにあたって対象化する意義をもっている。

とくにチリ地震津波後の漁港整備と養殖業との相互促進的な発展のありかたは、その後の「里海」イメージ形成に大きな力をもった。そして、「里海」イメージに欠落していたのは、それが「漁港整備」というハード事業が起因するという点である。

このことについて、漁業経済学の濱田武士は、次のように述べている。

「漁港数は岩手県、宮城県ともに百を超える。たんにそれらの漁港が拡充されただけでなく、より使い勝手がよくなるように、漁港整備計画事業のなかで高度化が図られた。漁港整備は、財政投入に依存した公共土木事業であったことから、今となってはバラまき行為として非難されているが、三陸における養殖業の発展と漁港の整備・拡張は相互補完的な関係にあった。小さな漁港は「ワカメ漁港」とも呼ばれたという」(注3)

養殖業の発展と漁港の整備を法律的に後押ししたのは、一九五〇年の「漁港法」と、一九六三年の「沿岸漁業等振興法」である。後者の「沿振法」によって「つくり育てる漁業」が推進され、たとえばワカメ養殖に必要な、コンクリートブロックによる沖合養殖保全施設へ補助が行なわれるようになった。この二つの法律のあいだの一九六〇年に、三陸沿岸はチリ地震津波に襲われ、宮城県・岩手県の漁港整備が加速的に進む要因になった。そして、その「漁港整備」の一端が「防潮堤」であったことも事実である。

津波工学の首藤伸夫は、東日本大震災後の二〇一二年に、インタビューの中で次のように公言している。

「構造物で高潮や津波に対処しようという考え方は一九六〇年以降です。それ以前は国にお金がありませんでしたからね。それまではほとんど横ばいだった国民所得が所得倍増計画によって上昇し、構造物が造れるようになったのです」(注4)

このインタビューの内実は、チリ津波後に施行された特別措置法により「津波災害を防止するための施設の新設又は改良」が推し進められたこと、また、それを可能にする経済的な裏づけがあったということの指摘である。すでに日本は高度成長期に入っていたからである。さらに、一九五八年には、「海岸法」に基づいた海岸施設築造基準ができあがり、技術が確立していたことも条件として働いた。そして、一九六八年の十勝沖地震には、できあがった構造物で陸上への浸水は阻止できたのである。いきおい、津波に対する「安全神話」は成立しつつあった。

しかし、すでにチリ津波の時点で、防潮堤の安全神話がつくられていた町がある。岩手県の田《た》老《ろう》（現宮古市）である。昭和八（一九三三）年の津波の後、海面上一〇メートルの高さの堤防を翌年から一部が造られ、チリ地震津波より二年前の昭和三三（一九五八）年には、全長二・四キロメートルの長さの、砦のような堤防が完成されていた。チリ津波では、田老には三メートルしか上がらなかったので、これが防潮堤（田老では「防浪堤」と呼ばれている）のせいではないかと言われ始め、新聞にも「津波くじく防波堤」などの見出しで喧伝され、この田老の成功譚が、さらに県内のチリ津波の被災地へ広がって、防潮堤建設に拍車がかかっていった。東日本大震災においては、この田老の防浪堤神話も崩れ、むしろ堤防があるという油断から避難しなかった人々も見られたことは周知のとおりである。

一方で、養殖業の発展も人々に安定した生活をもたらした。とくに、それまでの冬期の「出稼ぎ」について、終止符を打つことができたことが大きかった。このことについても、濱田武士は次のように述べている。

「ワカメ養殖業は夏に種付けを始め、翌年の春に収穫することから、漁民は冬期に出稼ぎに出かける必要がなくなった。
高度経済成長が終焉するころには、三陸の漁村部では、冬期に閑散とすることのない状況となり、前浜の漁業に依存して暮らしていけるようになったのである」(注5)
出稼ぎに依存しない生活、目の前の海で一年中、働くことのできる生活に変化をしたことで、後に「里海」というレッテルが張られる基盤が、このチリ津波後の高度成長期に、漁港整備と防潮堤建設を伴いながら、成立したのであった。しかし、この「里海」イメージだけが三陸の全てではなかったのである。

海の「出稼ぎ」

先に三陸沿岸でチリ地震津波後に養殖業が確立するとともに、「出稼ぎ」が少なくなってきたことを述べたが、この「出稼ぎ」には長い歴史があり、三陸沿岸においては、その意義や価値も変遷を繰り返してきたと思われる。
「出稼ぎ」と言えば、昭和戦後の高度成長期に、主に東北地方の農民が、冬季の農閑期に都市部や首都圏の建設現場に働き口を求めて移動するというイメージが強い。とくに、一九六四年の東京オリンピックを迎える六〇年代前半に、中学校を卒業したばかりの生徒が「金の卵」として集団就職列車で上野駅まで上京する映像などが、広い意味での「出稼ぎの東北」というイメージをつくり出していった。

しかし、「出稼ぎ」に関しても、この「東北」のイメージだけをそのまま「三陸」に投影させることはできないだろうと思われる。

たとえば、明治二九（一八九六）年の三陸大津波の後に津波調査を手がけ、岩手県内の三陸沿岸を回り歩いた、遠野の山奈宗真《やまなそうしん》（一八七四〜一九〇九）の「岩手懸沿岸大海嘯取調書」（一八九六）には、その調査項目に「被害町村漁民年々北海道及其他出稼ノ状況」が必ず入れてある。すでに出稼ぎの常習地であることがわかるが、いったいどのような内実であったのだろうか。

例として、「陸前国氣仙郡小友《おとも》村」（現陸前高田市小友町）を挙げてみるが、小友村は「〇本村北海道　出稼　稀ナリ　無キト　云カ如シ　春　牡鹿郡四十人位　秋　釜石地方　宮古地方へ廿人　鮪建網へ　出稼クナリ」という漁村であった（注6）。同じく「陸前国氣仙郡赤崎村」（現大船渡市赤崎町）の同じ項目には、「〇春ハ　石巻地方へ五十人　秋ハ　釜石地方へ三十人　鮪網出稼スル　〇氣仙郡全部五百人位　年々　稼アリト云」（注7）と記されている。

ここで記されている「鮪建網」や「鮪網」とは、「大謀網《だいぼう》」とか「大網《おお》」と呼ばれている定置網のことで、牡鹿郡や石巻地方は「夏網」、宮古・釜石地方は「秋網」が中心であった。つまり、高度成長期の、冬季の副業といえるものではなく、むしろ生業の中心となる「出稼ぎ」であった。山奈の報告には、「氣仙郡」（現在の大船渡市・陸前高田市・住田町）全体で五百人は「出稼ぎ」していたと記録されているが、これらの者は「大網人《と》」や「広田ポー」（広田半島の出身者）と呼ばれ、村々を離れ、積極的に三陸沿岸の南北を往来していた。

小友町の唯出《ただいで》では、養殖が普及する高度成長期以前には、集落から二〇人くらいで、館山（千葉県）や小名浜（福島県）へ、ブリやタイの定置網へ「出稼ぎ」に行っていたというから、明治・大正・昭和へと、この海の出稼ぎは続いていたと思われる（注8）。そして、この「出稼ぎ」は魚種や漁法を問わず、三陸沿岸の特徴の一つでもあった。

「唐桑御殿」が立ち並ぶ鮪立集落（14.10.4）

宮城県の気仙沼地方では、カツオ一本釣り漁の「出稼ぎ」が衰えた後、高度成長期には、マグロの遠洋延縄《はえなわ》漁船に乗り組み、年間一〇カ月以上も世界の七つの海で操業するという漁師が増大した。一九七〇年代になると、帰郷した者は次々と気仙大工の伝統を継ぐ宮作りの「唐桑御殿」と称される家に建て替えている。これをも、広い意味で「出稼ぎ」と捉えるとすると、高度成長期の冬季の「出稼ぎ」と同一のものと捉えることが困難になってくる。

三陸沿岸の生活は、以上のような多様な漁業と人間の大きな移動があり、決して「里海」と呼ばれるような漁村というイメージだけでは捉えきれるものではなかった。「東北」というイメージだけに規定されると「里海」という漁村だけが見えてくるわけだが、海の「出稼ぎ」は、東北地方でも三陸沿岸に限るわけではない。

青森県の津軽半島に位置する小泊《こどまり》村の漁業調査を行なった葉山茂によると、小泊村ではしばしば「少年時代は磯漁業で鍛え、成人すると大型船に乗って漁をし、年をとって体力が落ちたら磯漁業で遊びながら余生を送る」ことが理想であると語られているという（注9）。この考え方は、宮城県の唐桑町（現気仙沼市）でも、同様のことが聞かれ、ここでの「大型船」とは、マグロ遠洋延縄漁船であることの違いだけである。さらに、磯漁と大型船での漁を、かつては一年のサイクルのなかで振り分けていたことも、小泊と同様である。小泊村は、いわゆる都市への「出稼ぎ」が多かった地域であるが、葉山は出稼ぎの「帰ってくる」側面に注目し、出稼ぎ者が戻ってきたときに生業を再開できるだけの資源的な余裕のある漁村であることが条件であることを述べている（注10）。

はたして、都市への「出稼ぎ」と海の「出稼ぎ」とが、その出稼ぎへ赴こうとする人々の心性まで含めて、両者がどこまでが同じで、どこが相違するのか、その切り結ぶ状況を捉えるのは今後の課題として残されている。少なくとも「出稼ぎ」という言葉は、一般的に「東北」という言葉からイメージされることとは相違して、多様なありかたを示すことだけは確認しておかなければならないことだろうと思われる。

防潮堤か、人々の交流か

東日本大震災から六年が経過しようとしているが、ハード面では、前述したように過去の津波から現在まで、あれほど防潮堤の可否をめぐって論じてきたにもかかわらず、再び造られ始めている。

東日本大震災から一年前の、平成二二（二〇一〇）年の、内閣府の「広報ぼうさい」九月号の「過去の災害に学ぶ」というシリーズのなかでは、次のように報じている。

「発生頻度の高い中小規模の津波に対して構造物は有効だが、構造物に特有の問題がある。構造物そのものの劣化に加え、浜が侵食でやせ、風波が構造物内部の土砂を吸い出すようになると危ない。この結果、突然堤防裏側が陥没した事故が実際に生じている。五〇年、一〇〇年の間隔で来襲する津波に対して、構造物の機能・強度を如何に維持していくかが、大きな問題になっている」（注11）

震災後はこのような議論が十分に詰められないまま、次々と防潮堤が着工されているのが現状である。浜々に居住する者に対しては、復興の特別基金を片手にちらつかせ、今建てないと今後は機会がなくなるというような、悪徳商法まがいの脅しの手を使って、納得させようとしているとしか思えない。必要な人間が必要な防潮堤の高さで、必要なときに支援をするのが、政治であり行政であることが忘れ去られている。

たとえば、宮城県気仙沼市本吉町の野々下海岸には、平成二六（二〇一四）年に防潮堤が建設されつつあった。この防潮堤は「東北森林管理局」で造ったものだが、縦割り行政のままの復興事業であるために、この管轄部分の防潮堤だけが、当初ひときわ突出して見えた。その工事用の立て看板には、防潮堤の高さについて、次のように記している。

「野々下海岸の防潮堤の高さについては、頻度の高い津波（L1）を想定し、宮城県（「23・9・9宮城県沿岸域現地連絡会議」）で示しておりますＴＰ（東京湾平均海面）＋9.8ｍに設定しています。看板上部に示してあります【tp＋9.8m】が防潮堤の計画高になります」

宮城県では当初、浜々による自然や生活の違いを無視して一律「九・八メートル」で議論を始めている。岩手県の陸前高田市では当初、津波で残った「奇跡の一本松」に一億五千万円の保存費用をかける一方で、旧市街地の嵩上《かさあ》げのために、周囲の森林をなぎ倒して山を崩し、ベルトコンベアで土を運ぶ施設を作った。

以上のような、「普通の」感情が失われたような、自然災害に対する集団ヒステリー状況に対して、昭和八（一九三三）年の三陸大津波では、別な方法による復興の仕方がみられた。

明治の大津波の後に三陸沿岸を歩いた山奈宗真と同様に、昭和の大津波（一九三三）の後に三陸をあるいて記録し続けた、民俗学者であり地理学者の山口弥一郎（一九〇二～二〇〇〇）は、岩手県の両石（現釜石市）について、次のように述べている。

「それで一時両石は七分は旅の者だとまで言われた。この移入経路で目立つのは宮城県十三浜《じゅうさんはま》村よりの入婿者の多いことであるが、当時区長代理をしていた久保氏は船宿を経営しており、

十三浜方面よりいかつりに来る漁夫などを泊めていたので、その世話になり落ち着いた者が多い由である」(注12)

両石では旅の者が七割という状況であったが、その理由は、津波以前からイカ釣り漁のために十三浜(現宮城県石巻市北上町)から来ていた漁師を、両石で被災した家を興こすために入婿にさせる運動を、区長自らが行ない、復興のための努力をしていたからである。この区長が船宿であったことも大きいが、十三浜の漁師は、前述したような意味では、海の「出稼ぎ」漁師であった。つまり、三陸沿岸の特質ともいえる「出稼ぎ」という、逆の外部の力を借りて、復興を成し遂げていったのである。

野々下海岸の防潮堤。景観が破壊されるなどという生やさしい問題ではない(14.12.21)

今回の東日本大震災の年も、宮城県気仙沼市で、前年同様に、生鮮カツオ水揚げ日本一の記録を続けることができたのも同様の理由であった。カツオの水揚げを、ほとんど宮崎や高知、三重などの一本釣り船に依存していた気仙沼港では、これらの船が来港することが、水産業の復興の第一歩であった（注13）。

震災から二年後に気仙沼市南町で開催された「気仙沼とカツオ」という講座（「みなとのがっこう」）で、ゲストとして招かれた、高知県中土佐町のカツオ一本釣り船の船主である青井安良氏は、講座の最後に気仙沼市民に向けて、次のようなメッセージを与えている。

「四〇年近く気仙沼にお世話になっている私たちカツオ漁師は、故郷がなくなったような思いでした。何か力に成れることは、してあげることはないかと考えましたが、気仙沼の復興は一日も早くカツオの水揚げができること。物品支援やいろんな方法もあります。しかし、私たちカツオ漁師にできることは、入港し、水揚げすることで気仙沼の人たちを元気つけることだと思いました。そのためには市場を早く復興することを願いました。たいしたこともできませんが、高知・三重・静岡・宮崎のカツオ船も、魚市場などに支援協力させてもらいました。これからも私たちの古里と思い、復興に向けて一生懸命頑張って、協力をしていきたいと思います。お互いに頑張りましょう」（注14）

おそらく、このようなメッセージこそが、三陸沿岸の震災からの復興が、過去においてどのようになされ、これからもどのように切り開いていくべきかということのヒントになり得ると思われる。

つまり、これまで防潮堤などによって海と人間の生活が、物理的にも精神的にも分断されていかなかったからこそ復興できたことに違いないからである。

注1　米地文夫・今泉芳邦「地名「三陸地方」の起源に関する地理学的ならびに社会学的問題」『岩手大学教育学部研究年報』第54巻第1号（岩手大学教育学部、一九九四年）一三八～一三九頁

2　河西英通『東北―つくられた異境』（中公新書、二〇〇一年）一四〇～一四三頁

3　濱田武士『漁業と震災』（みすず書房、二〇一三年）一三頁

4　「PJAニュースレター」No.4（日本学士院、二〇一二年）二頁

5　注3と同じ。

6　山奈宗真「三陸沿岸大海嘯被害調査記録」（卯花政孝・太田敬夫解読）『東北大学津波防災実験所研究報告』第五号、一九八八年）七二頁

7　注6と同じ。八八頁

8　二〇一四年九月二二日、岩手県陸前高田市小友町只出の戸羽敬吉さん（昭和一七年生まれ）より聞書

9　葉山茂『現代日本漁業誌―海とともに生きる人々の七十年』（昭和堂、二〇一三年）一〇三頁

10　注9と同じ。九八頁

11　「ぼうさい」第59号（内閣府、二〇一〇年）

12　山口弥一郎『津浪と村』（石井正己・川島秀一編、三弥井書店、二〇一一年、初版は恒春閣書房から一九四三年に出版）六二頁

13　川島秀一「震災年のカツオ漁」『安さんのカツオ漁』（冨山房インターナショナル、二〇一五年）一四八頁

14　注13と同じ。一五九頁

四、津波と生活文化の伝承

はじめに

東日本大震災以後のさまざまな復興論や復興談義のなかで、表立って対象化されていないことの一つに「家の再興」の問題がある。「家の再興」とは、家屋のような物理的な再建のことを指すのではない。継承者がいなくなった家をどのような方法で受け継いでいくかという問題であり、「家の再興」を成し遂げることは「村々の復興」に直結することであり、さらには災害以前の生活の知識や技能の伝承につながる核になることでもある。

本節では、先に明治二九（一八九六）年と昭和八（一九三三）年の三陸津波後の「家の再興」について研究を続けた民俗学者の山口弥一郎の『津浪と村』（一九四三）の報告に従いながら、過去における三陸沿岸の家の再興と集落の復興のありかたをまとめてみる。そのことにより、津波後に入婿になった移住者のほとんどが漁師であった例などから、三陸沿岸の過去の津波における漁業の復興のありかたを見出していく。さらに、明治二九年と昭和八年の三陸津波後の、漁業を主とした生活文化の伝承の方法を学び、そのことから平成二三（二〇一一）年の東日本大震災後の「復興」のありかたに一石を投じてみるのが目的である。

津波の後の「家の再興」

山口弥一郎の『津浪と村』の特異性は、「村々の復興」（第二篇）だけでなく、「家の再興」（第三篇）も扱っている点である（注1）。山口はそのなかで、災害後の惨状、哀話を語るものはあるが、復興については語られず、とくに家の再興について語られることは皆無であるという状況を述べ、「家族全員が亡くなった家はどのように再興するのか？」という問いを投げかけている。

① 両石における「家の再興」

山口が真っ先に事例として挙げた、岩手県上閉伊郡鵜住居《うのすまい》村の両石（現釜石市）という集落は、明治二九年の津波により、総人口九五八人のうち八二四人が死亡、負傷者は一二六人、無傷の者は八人しかいなかった。実に人口の八六％に当たる人々が一瞬のうちに波に呑まれたのである。また、総戸数一四四戸のうち一四一戸が流出し、一戸が半壊、無事だったのはたった二戸のみであった。一四四戸のうち、全家族死亡した家は六一戸に及び、そのうち一六戸は廃絶、四五戸は相続人を見出し、再興を果たした。山口はこの再興の仕方に目を凝らしたのである。

最も簡単な家系再興の事例は、絶家に対する生き残った親戚の血縁者や、本家や分家の子孫たちが肩代わりをする方法である。つまり、津波後に生き残った家の者が、この機会に次三男を廃絶の危機に陥っている家に入れ、分家を増やす傾向が目立っている。縁故がない絶家に対しては、区長や役場などによる働きと斡旋により、他家の者が戸籍を変更したり、新しい位牌をつくって、その家を保持することになった（注2）。

また、両石と関わりのない余所者《よそもの》によって家を継いだ事例もある。「両石は他所者の集まり」と言われていたが、実際には縁故のない者が家を継ぐことは少ない。しかし、成年になって両石に来た入婿の者が多く目立ったために、これが「他所者の集まり」と言われる原因となっていた。

移入者の経路として顕著なのは、宮城県十三浜《じゅうさんはま》村（現石巻市北上町）より来た者たちであり、当時、両石村には、十三浜村よりイカ釣漁師が多く滞在していた。そのときの付き合いにより、入婿する者が多かったと言う。たとえば、ある女子は津波により家族を失い、東京の孤児院にて二〇歳まで過ごし、その後、両石に戻り、十三浜より婿を取り、家を継ぐことになったというような事例もある。

イカ釣漁師を入婿にすることで、両石の集落を回復させるとともに、イカ釣りという漁業技術も後世に伝承させることになったわけである。

両石の隣村である桑ノ浜（現釜石市）では、婿に行った先で被災して妻子を亡くした者が、絶家した生家に戻って家を継いだ例もあった。逆に嫁に行った先で夫を亡くし、実家も絶家したために、戻って家を興した例もある。山口は、桑ノ浜でこのような事例に注目したわけであるが、この浜でも、総じて津波で残された女性と移動性に富む漁師が結びついて家を継ぐ例が多かった。

②田ノ浜における「家の再興」

岩手県船越村田ノ浜（現山田町）も、明治二九年の津波で三〇〇戸のうち六〇戸が被害を受けた集落である。この集落で山口が注目したのは、本家分家関係によって、家が再興されていく事例である。本家分家関係であっても名字が異なるのは、船頭と水主《かこ》の関係から本家分家関係に移行した関係であり、船越で「名子《なご》かこ」と呼ばれている。その「名子かこ」の家が津波後に途絶えようとするところに、本家から入って家を継ぐ場合がある。たとえば、本家の六歳の少年を宛がい、二五年後には名実ともに「名子かこ」の家を継いでいる。「名子かこ」の家のことを「名子かまど（「かまど」とは分家のこと）」とも言うが、逆に名子かまどの家から、絶家した本家を継がせる場合もあった。

また、連れ合いを亡くした者同士の再婚の事例もあり、これも村役人などによって勧められた。ただし、二〇歳くらいの夫と四〇歳くらいの妻の再婚のような、不自然な婚姻もあったことも否めない。

以上のように、家の再興に執着したことには、いくつかの理由がある。一つは、「ホトケ（死者）を守る」という感覚である。それは津波で亡くなった死者だけではなく、その家の先祖のホトケも含めている。また、絶家した家の不動産の継承や義捐金の分配などの経済的な理由もある。とくに当時の「海嘯罹災恩賜金及び救助義捐金配当規定」の第1条1項第4条には、一家全滅した家には、わずかな義捐金配当があり、それは親戚や町村長に配布され、供養費として使用されることが明記されている。また、第3条には、一家全滅の場合、その家の相続人をたてられた場合には配当があることも記している。さらに、絶家した家が持っていた漁業権の継承についても関わることであった。

ただし、家系の継承が直ちに実際の屋敷の復興になるわけではない。一家全滅後、周囲の人々によって家を再興しても、継承した人が他所へ転出する場合もあるからである。ただ、できるだけ集落内の家の廃絶を少なくして、養子養女の成長とともに漸次再興していくことを望んだわけである。

両石や田ノ浜のように被害の大きな地域では、近距離からの移入者だけで再興するのに不十分であったために、遠距離からの移入者が顕著に見られると考えられる。

流動的な社会における「家の再興」

家の再興にあたって、山口が次に注目した集落は岩手県の重茂《おもえ》村の姉吉《あねよし》である。姉吉は、明治二九年の津波により全戸流失、生存者はたった二名であった。その後、災害未経験者により高地に村落の復興をはかるが、大正一三（一九二四）年までに再び元の土地に移動している。次の大津波である昭和八年で再び被災し、四人だけが生き残った。岩手県当局により、これ以降は高地に移転し、東日本大震災では姉吉集落は無事であった。

姉吉でも、昭和八年の津波の後に、嫁とその娘が生き残り、娘の夫として嫁の夫の甥を結びつけた事例や、「かまど」（別家）が本家を再建した例などが見られた。注意されるのは、二軒の家で、静岡へ建網《たてあみ》に出漁中であった男たちが助かり、家を継いだ例である。

両石で十三浜よりイカ釣漁師が入婿になった例とは逆に、田ノ浜では明治二九年の津波の後、北海道の岩内方面に漁業の出稼ぎが顕著になった。三陸沿岸は当初から季節的出漁を典型とする移動性の高い地域であったことは、東日本大震災後の復興を考える上で重要な特徴である。

田ノ浜では、それはやがて北海道への移住へとつながっていき、移住者の元屋敷は、新たに移入した者が購入して田ノ浜に定着していくようになる。つまり、三陸沿岸の全体にわたって、南から北への移住と置き換え現象が見られるわけであった。

以上のような、「家の再興」を論じた山口は、次のようなことを述べている。

「かく全滅に近い惨害をうけた村々にても、古くからよりの根強く発達した郷土の伝統がある限り、容易にその跡を絶たれるものではないことを、よくよく知り得るのである」（注3）

つまり、「家の再興」の仕方においても、地域社会に蓄積された知識や慣行、いわゆる「在来知」がその役割を果たしたのである。「家の再興」について、山口が対象としていなかった宮城県の気仙沼地方においても、家を継続するために、大災害のときにかぎらず、日常的にもさまざまな慣行があった。たとえば、「寄せ家督」とは、子孫がいない家が養子や養女をとって家を継がせることを指している。「姉家督」とは、長子の女性が家を継ぐこと、「付け別家」とは、本家分家関係も血縁もない家が旧家などに願い出て、分家にしてもらうことをいう。村の本家分家関係に組み入れられることで、家の安寧をはかったわけである（注4）。

気仙沼市も、移入者は裸一貫から努力し、次第に村のなかで有力な者になっていくことが日立つ社会であり、婿が出世する社会とも言われていた。

三陸沿岸のように質的に流動的な社会であったがために、明治二九年、昭和八年、昭和三五（一九六〇）年のチリ地震津波と、近代以降にも何度も大津波に遭っていながらも、家の再興や集落の復興ができたことを再認識しなければならないものと思われる。

生活文化を伝承させるための政策

先に明らかにしたように、三陸沿岸の基層文化である流動性のエネルギーを活用し、漁業などの生活文化を再建させるためには、三陸の各地において、明治二九年や昭和八年の大津波の後に、さまざまな工夫がされた。ここでは、その幾つかを紹介しておく。

① 気仙郡の移住者規則

明治二九年の津波の後、岩手県の気仙郡（現大船渡市・陸前高田市等）では、将来の漁業の衰退を懸念して、他地方からの移住者を募集することになるが、そのときに新たな移住者に対して、第十四条にわたる規則を規定した。そのなかで興味深いのは、次の「第十条」である。

「移住者は、移住地の漁民に対し、漁具の製造法、漁業上の技術習得を許す義務がある」（注5）

つまり、ここで規定されていることは、他地方からの漁具や漁法の積極的な受容である。津波の後の、移住者の奨励により、それまでの生活文化を維持することだけでなく、新しい漁法を受け入れていることである。

津波を契機に漁法が変わり、あるいは、それまでは大勢を占めることもなかった新しい漁法が開花した事例は、昭和八年の津波の後に、他の県にもある。

たとえば、宮城県の気仙沼湾内の旧鹿折村は、藩政時代から昭和の初期まで、イワシの船曳き網で賑わっていた。夏季はカツオの餌イワシとして、冬季は〆粕などに加工していた。明治の終わりごろに、それまでの「小舌網《こしたあみ》」という網に対して、広島の音戸などから「タルコ網」という改良網が入り始めた。この網はそれまでの浮子の代わりに浮子樽を用いることで浮力を増大させ、多数の網子を必要としない簡便な網であった。昭和八年の津波後に、広島の業者がこの網を安く提供したこともあって、普及の度合いは高まった（注6）。

しかし、このタルコ網の普及により、個人や仲間で独立して行なう者が増え、ムラ網でもあった共同性の強い網は網子が抜けることで弱体化して、他の土地から網子を募集するまでにもなった。結局は、網の増加により過当競争になり、またたくまに湾内に入るイワシが激減し、鹿折村はやがてイワシ網を捨て、牡蠣などの養殖業に代えていくことにもなった。気仙沼湾内で牡蠣養殖が本格的に始まるのも、三陸大津波のあった昭和八年からである（注7）。

② 災害記念館の建設

昭和八年の津波は、一方でそれまでの漁業技術を蓄積し、伝承する機会を与えることができるような施設を造るような動きがあった。それが、宮城県の施策のなかで現れた「災害記念館」の創設である。『宮城縣昭和震嘯誌』（一九三五）には、次のような規則が挙げられている。

「三陸沿岸に古來震嘯の災禍多きは、これ歴史の明示する處にして、近きは、明治二十九年六月にも、これが爲、沿岸住民は多大の犠牲を拂ひたり。

縣に於ては、深く之に鑑みる處あり、今回の災害を契機として、各部落毎に災害記念館を建設せんと欲したるも、諸種の事情により、之が實現し難きものあり。仍《よっ》て、配給方を縣に委任せられたる義捐金中、拾萬圓を以て、公共施設費とし、被害程度及び戸數等を斟酌の上、縣に於て指定したる部落三十二箇所をトし、之を設置する事となせり。（第四編復舊・復興第五章精神作興の運動第六節復興記念館の條參照）

即ち、その設置目的は、震嘯災の如き非常時に於ては、部落民の避難場所とし、常時に於ては、共同作業場及隣保扶助事業に使用するものなり。

而《しこう》して、共同作業としては、節削、鹽干、乾魚製造、漁具漁網修繕、藁工品、竹細工、家庭木工等に從事し、隣保扶助事業としては、託兒、講習會、講演會、圖書館、職業教育、夜學、母ノ會、子供クラブ、活動寫眞、人事相談、その他各種集會に利用せしむるにあり。

その設置場所は、部落民の集合に便利にして、且つ高臺の地を選定し、經營主體は、之を該

記念館の關係町村、又は、同上町村の社會事業協會に屬せしむる事となしたり」(注8)

この規則によると、宮城県は県内の被災した集落のうち三二カ所に「災害記念館」を建設すべきことを論じている。設置する場所は「高台の地」としていることから、一つは避難所としての機能をもたせているわけであるが、その主なる使用目的は「共同作業場及隣保扶助事業」であり、現在の公民館に匹敵するような内容である。しかも、その「共同作業場」は、「節削、鹽干、乾魚製造、漁具漁網修繕、藁工品、竹細工、家庭木工」など、生業に関わる技術の伝承の場となるようなねらいがあった。とくに鰹節削りや水産物の加工、あるいは網の修理などは、いずれも漁業に関わる知識と技術である。

この「災害記念館」は、その後、実際に集会所や公民館的な役割を果たしたが、この建物が実際に残っているところは少なく、さらに今回の震災で流失したところもある。気仙沼市唐桑町の馬場にある「気仙沼市宿集会所」は、唯一残った昭和八年建設の「災害記念館」である。

おわりに

本書Iの二の「三陸の歴史と津波」で述べたように、東日本大震災後の三重県から岩手県・宮城県への漁船の支援、さらに市町村のレベルでも、函館から久慈へ向けて中古船が運ばれたことなど、これらの事例は、三陸沿岸がそもそも漁師を介した流動的な社会であったために成立した支援のありかたである。

震災後に亡くなった、宮城県気仙沼市唐桑町の船大工の岩渕文雄さん（昭和六年生まれ）は、近辺の浜の特徴やその漁師の漁法や好みに合わせた、それぞれ微妙に寸法が違う和船を造ってきた。支援された中古船は必ずしも、その地域に合うものばかりではないが、漁師さんたちは、それぞれ船に工夫を加えて活用している。

しかし、以上に述べてきたように、津波後の漁法の移入や漁船の支援は、列島各地に根付いている漁労や漁船の知識を三陸沿岸に移入することになり、そのことによって、逆にこれまで三陸に伝承されてきた生活文化を吸収して、複合され、新しい漁労文化を築いてきたものと思われる。津波で途絶える伝承もあれば、津波で甦る伝承文化もあり、さらに、新たな生活文化が生まれる可能性もあることだろう。

注1　山口弥一郎『津浪と村』（恒春閣書房、一九四三年）。第一篇は同書一－一六三頁、第三篇は一六五～二一一頁。なお、同書は二〇一一年に石井正己と川島秀一の編集により、三弥井書店から再刊している。

2　列島には、農村にも「作り高と村の戸数とを減少せしめざるを主義とした前代の農政」により、「娘があれば年が違っても聟を取る」、「後家には出来る限り入夫をする」、「一時家をたたみ、親子分かれ分かれに奉公などをして相続人の成長を待つ」（柳田国男「寡婦と農業」、一九二九年）などの、戸数を減少させないための政策的な家の復興が見られた。また、「女しかおらぬ家を見つけて、そこへ余ったヲンジ（次三男）たちを配る」入婿および入夫の制などもあり、「村役人の大切な一つの役目として、こういう男の手の欠乏を捜しまわり、絶えてしまう家を少なくし、村の戸数の減退を防ぐことが命令せられた」（柳田国男「女性史学」、一九三六年）という。

3　注1と同じ。一九一頁

4　同じ宮城県の女川町や牡鹿半島の漁村では、「エビス親」とか「エビス子」と呼び合うような、擬制的なオヤコ関係を結ぶ慣行があった。このような関係を基盤として絶家した家を継ぐ事例はないが、海難や津波が多発する三陸沿岸では、いつ親のない子や子のない親になるかわからないために、このような関係を結んだことも一つの理由であった。

5　規則の全文については、『巌手県海嘯状況調査書』（岩手県、一八九六年）三九〜四一頁参照

6　宮城県気仙沼市小々汐の尾形健家所蔵の手紙には、広島県の音戸の網業者から、昭和三陸津波のお見舞いとともに、網のセールスを行なっていることが記してあるという（国立歴史民俗博物館編『東日本大震災と気仙沼の生活文化（図録と活動報告）』、国立歴史民俗博物館、二〇一三年）四六頁

7　竹内利美「鼎の脚」『みちのくの村々』（雪書房、一九六九年）三一一〜三一六頁

8　『宮城縣昭和震嘯誌』第五編雑録（宮城県、一九三五年）一〇頁

五、自然災害から回復する漁業集落の諸相―東日本大震災と三陸漁村―

はじめに

東日本大震災の後、この大津波の記録をするために、瓦礫というモノだけの浜々の写真を機械的に撮り続けていた時期があった。ある日、綾里《りょうり》（大船渡市三陸町）の防潮堤の入口で、それまでとは違った人間が関わる風景を発見した。

綾里湾の東岸に位置する田浜《たはま》には、七・九メートルの防潮堤が建っていたが、今回の津波は、この高さを軽く乗り越えた。その防潮堤の出入り口は車も通れるほどの広さであるが、その水門に二枚の貼紙が貼ってあった。一枚は「みんなで力をあわせてがんばっぺ！」という黒色のサインペンで書かれた文字、隣に貼ってある二枚目の紙にも「みんなで力をあわせて復興しよう」という同様の文字。それらの文字の下には赤色で「たはま」と書かれ、その下にさらに黒色で「田浜契約会」と書かれてあった。

その二枚の貼紙を見たときに、眼前には何もなくなった集落に「契約会」が生き残っていることを知り得た。建物が立ち並ぶ集落はなくなったかもしれないが、「社会」は消えていなかったのである。むしろ、この貼紙から、田浜という集落の骨格は契約講であったことが知り得たのである（注1）。この田浜にかぎらず、震災により集落の性格が顕在化したと考えられるところは多いのではないかと思われる。

　東日本大震災で壊滅的な被害を受けた三陸沿岸の集落は、目に見えるかたちでの住居や集落がほとんど失われたところが多い。しかし、集落にあった目に見えない住民同士の結びつきまでが

田浜の防潮堤に貼られた「契約会」の紙（11.6.18）

流失したわけではなく、むしろその関係性を基盤にして、震災直後の対応や復興を始めたところが多く、社会自体が失われたわけではなかった。

　ところが、その自然災害への対応の仕方は、同じ三陸沿岸の集落であっても一様ではない。その集落の本質的な姿が顕著に現れたのが、今回の東日本大震災後の対応の仕方であったとも思われる。

　それには大きく分けて二つの型がある。一つは集落の中で本家と分家関係を色濃く遺していた集落である。たとえば、宮城県気仙沼市の小々汐《こごしお》や、同市唐桑町の鮪立《しびたち》などである。集落の総本家ともいえる存在である尾形家（小々汐）や鈴木家（鮪立）の当主がリーダーシップをとって、震災直後から避難生活における意見の集約や復興への一歩

を進めた。

それとは別に、契約講の会長をリーダーにして、震災直後の対応と、復興への道を歩み始めた集落もある。たとえば、宮城県南三陸町歌津の中山や馬場の集落などはその典型である。

以上のそれぞれの集落は、震災前の日常において、どのような意志決定をされていたか如実に示すことになった。

また、それらとは別に、かつての漁労集団が震災時に蘇ったかのように団結して、震災後の対応に当たった事例もある。

たとえば、岩手県釜石市唐丹《とうに》町の花露辺《けろべ》や大石では、オオナカ（大仲経費）と呼ばれる、漁獲量を平等に配分する漁労集団とその慣行があって、イカ釣り漁に出る船主のシンセキたちが老若を交えて組を作り、集落内において何組かが競合していた。このオオナカの組を中心に東日本大震災においては結束して対応に当たったようである。

集落において人々の結ばれ方がどのようなものであるかによって復興の道筋も自ずから違って現れてくる。このことは、三陸沿岸において被災した集落が、震災後、その対応にあたって、どのような意思決定を呈したのかということを探ることであり、これまで集落を静的に捉えがちであった研究において、動的に集落を捉える機縁になったのである。本節では、聞書きを中心とした民俗学的な方法を用いて、それぞれの集落の事例を述べながら、津波という自然災害を何度も乗り越えてきた三陸漁村の特質を析出してみたい。

網漁村のムラ—宮城県気仙沼市小々汐

はじめに、集落の意思決定において、「本家—分家」関係を基軸とする集落を事例にするが、具体的には、宮城県の気仙沼湾に面する二つの沿岸集落を扱う。一つは小々汐という、かつては典型的な網漁村であった集落である。もう一つは、同市唐桑町の鮪立という、これも以前は典型的な釣漁村であった集落である。

この鮪立は、延宝三（一六七五）年に、紀州の一本釣り漁法を南三陸地方で初めて導入した漁村である。そのカツオの餌イワシを二艘の船曳き網を用いて捕獲して、カツオ一本釣り船に供給していたのが、小々汐の位置する旧鹿折村の浪板《なみいた》と、通称「四ヶ浜《しかはま》」（大浦・小々汐・梶ヶ浦・鶴ヶ浦）と呼ばれる一帯であった。湾奥に位置する旧鹿折村は、外洋に出てカツオを釣るには不利なところにあるので、湾奥に入ってくるイワシを捕るという道の方を選んだのである。

小々汐は、約八割が尾形姓であり、〈大家《おおい》〉という屋号の尾形総本家を中心に、かつては生業や行事、ムラの祭礼が行なわれてきた。いわゆる、本家と分家群とからなる、典型的な「同族結合村」である（注2）。〈大家〉は藩政時代中期までは、小々汐のタクバと呼ばれる高台に住居していたが、イワシの船曳き網を始めたころから、次第に低地に下りていったものと思われる。四ヶ浜においては、最初にイワシ網を創始した家で、この網の名を「元網《もとあみ》」と呼んでいた。小々汐の湾にそった鍵型の集落は、この網元でもある〈大家〉の建物を要にして、西北と南へ分かれていったような集落の成長が見られる。〈大家〉の周辺に、〈仁屋《にんや》〉・〈田畑《たばたけ》〉・〈新屋《しんや》〉・〈新場《しんば》〉という、ごく近いシンルイ（別家）の家が建っているからである。小々汐のほとんどの家が、かつてはこのイワシ網に関わっていたが、農作業や年末の「煤掃き」のような年中行事においては、先に挙げた近いシンルイが、最近まで手伝いに行っていた（注3）。小々汐の集落内の〈大家〉の田畑は、水田約一町歩、畑二町歩ほどであるが、気仙沼湾を隔てた対岸の田中前にも水田を保有しており、田植えや稲刈りは舟で渡って作業をしていた。小々汐の背後の山林、約一五町歩も〈大家〉の所有である。

イワシ網では、前節でも触れたが、夏季にカツオの餌イワシとして供給し、冬季には〆粕などに加工していた。明治末期には、それまでの「小舌網《こした》」という網に対して、広島の音戸などから「タルコ網」という改良網が入り始めた。この網は、それまでウルシの木で作られた浮子の代わりに浮子樽を用いることで浮力を増大させ、そのために多数の網子を必要としない簡便な網になった。その後、昭和八（一九三三）年の三陸津波後に、広島の業者がこの網を安く提供したこともあって、普及の度合いは高まった。

しかし、このタルコ網の普及により、個人や仲間で独立して行なう者が増え、ムラ網でもあった共同性の強い網は網子が抜けることで弱体化して、他の土地から網子を募集するまでにもなった。結局は、網の増加により過当競争になり、またたくまに湾内に入るイワシが激減し、鹿折村はやがてイワシ網を捨て、牡蠣などの養殖業に代えていくことにもなった。気仙沼湾内で牡蠣養殖が本格的に始まるのも、三陸大津波のあった昭和八年からである。

この後、漁業に関してだけいえば、小々汐の〈大家〉を中心とした本家―分家関係は少しずつ様相を変えていった。〈大家〉は昭和初年に「元網」を解体し、漁業は分家の方が自立して船を持ち、専門的に携わるようになった。海苔→牡蠣→ワカメと、次々に生産物を替えながら、沿岸養殖を中心に継続してきた。東日本大震災前には、ワカメなどの養殖業を主に、近海のイカ漁などに携わる漁船（〈仁屋〉の漁栄丸）が一艘だけの漁村であった。少なくとも小々汐の各家の漁業に対しては、〈大家〉という総本家が意見を述べる領分ではなくなっていたといってよいだろう。

ところで、戦後の昭和二九（一九五四）年から三〇年にわたって、「漁村における新生活運動展開の視点」から、この小々汐など旧鹿折村の沿岸部に調査に入ったのが、社会学者の竹内利美であり、『漁村と新生活』（一九五九）という報告書もある。この報告書で竹内は、小々汐を尾形姓の「同族団」を中心とする集落と捉え、たとえば、次のような特色を、挿話を交えて述べている。
①「今なお、苗代田は尾形本家のものを共同に用い、苗を分けて貰っているのである」
②「昭和二十九年度の入学式は、四月四日、浦島小学校で挙行されたが、定刻の午前九時になっても、小々汐地区の学童の参集がなく、約一時間遅れて式が始まった。というのは、分家の人々がまず新入学児童を、尾形本家に伴って、入学の挨拶をし、その後一同打揃って学校に来たためである」
③「本家は単に家族の居宅ではなく、むしろ、この集落の公会所であり、公民館でもあった。

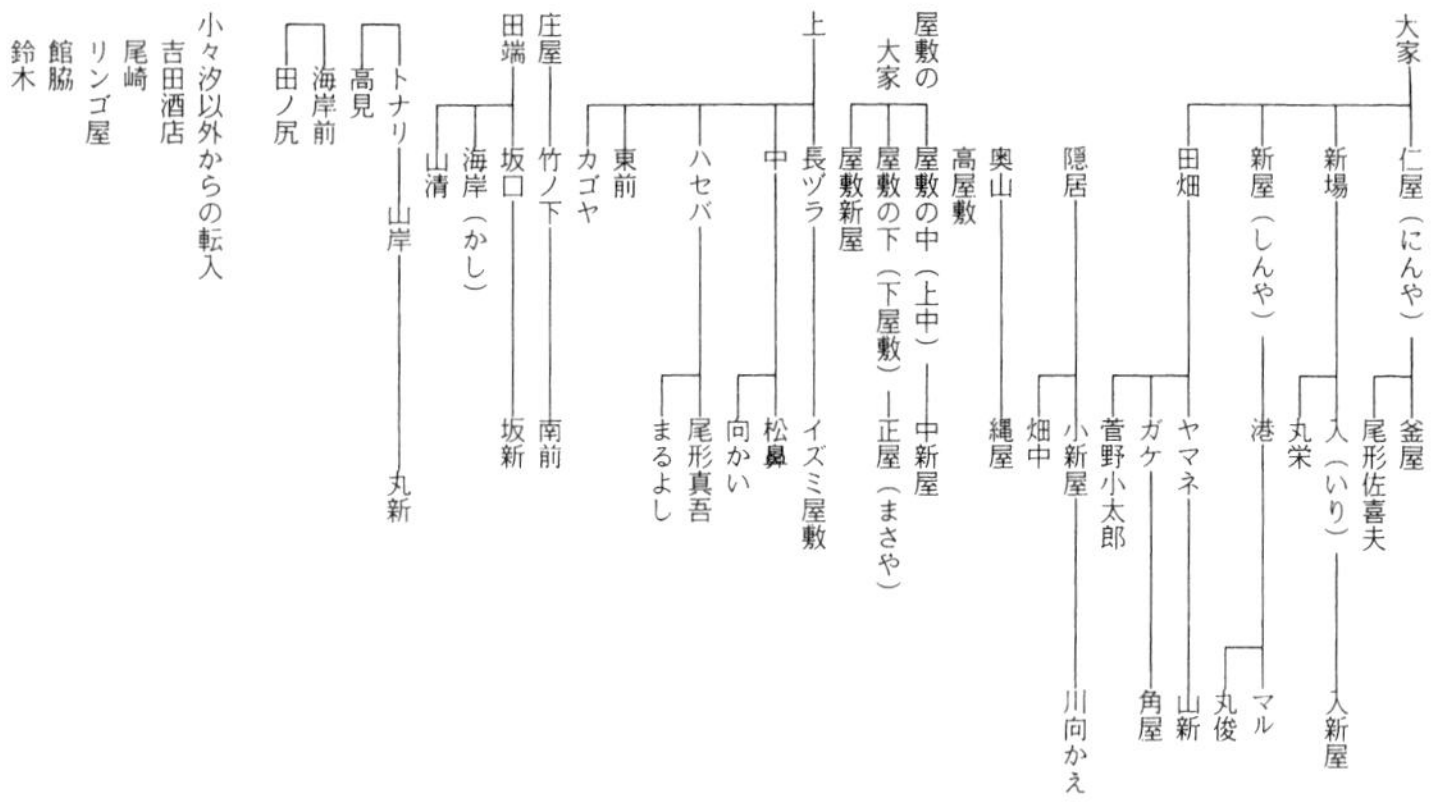

小々汐本家別家系譜図（1991年時点の作成）

その用具もまた共用であり、何より、そこであらゆる機会に、共同飲食が行なわれ、人々のつながりを強化してきたのである」（注4）

しかし、同じ尾形姓であっても、実際の「本家—分家」関係を調べると、上の図のように、〈大家〉の系統と〈屋敷の大家〉、〈上《うえ》〉、〈庄屋〉、〈田端〉などの系統があったようである。

そのことを明らかにする事例として、北上山地や三陸沿岸で旧家に祀られているオシラサマが〈大家〉だけでなく、〈上〉でも所蔵していたことなどが挙げられる。〈大家〉のオシラサマは、長さ三七センチの竹製、布キレを頭に被せた包頭型一対である。年に一度、一月一日から一六日にかけて、神棚から下ろされて、ナカマに祀られ、〈大家〉のシンルイの女性たちが拝みに来ていた。オセツと呼ばれる布キレは、年末二八日の年越しマチの日に用立ててくる。祀られているあいだは、朝と晩に、お茶とご飯、お精進料理などを、オミダマサマ（オホトケ）とともに上げる（注5）。

〈上《うえ》〉のオシラサマは、長さ四センチの一対で、旧暦の元旦にだけ、第一別家の五軒の者たちだけが、オソナエを二つずつ持って拝みに来ていた。その日には、アンコ餅やウドン、ケンチン汁などのご馳走を出した。また、オッシャサマ（オシラサマ）がいるので肉類は食べられなかったし、卵料理などを炉辺で作ることはできなかったという（注6）。

震災前年の大晦日のオシラサマ（小々汐大家、10.12.31）

ところで、二〇一一年三月一一日の東日本大震災による津波で、文化七（一八一〇）年に建てられた築二〇〇年になる〈大家〉の住居は、一〇メートルほど流され、藁葺き屋根だけが残った。しかし、当家夫人の尾形民子さん（昭和二三年生まれ）は、先代から、「地震があって外へ逃げるときは、雨戸を閉めてから逃げろ」と教えられていたので、そのとおりにして裏山へ逃げた。雨戸を

集落名	2010年 10月	震災直後 （被災戸数）	2015年 5月
小々汐	56	6（50）	18
鮪立	180	109（71）	155
中山	54	4（50）	24
馬場	42	22（20）	33
花露辺	68	43（25）	65

大震災前後の戸数の変化

閉めておきさえすれば、津波が侵入しても家財道具が外へ流れることがないからである。そのために、民子さんは、屋根だけになった住居のなかに、必ず家財道具が残っていることを主張し、実際に文化財レスキューに入った国立歴史民俗博物館の研究者によって、そのことが確かめられた。そのときに、彼女は「オシラサマさえ残っていればよい」と語っていたが、オシラサマも見覚えのある木の箱に入ったまま、濡れはしたものの救出することができた。オシラサマは、それほど〈家〉を象徴するものであった。

　震災では小々汐五六戸の集落のうち五〇戸が流失もしくは損壊、四名の死者があったが、タクバにあった浦島小学校に小々汐や、そこから南の梶ヶ浦や鶴ヶ浦という集落の被災者が集まり、避難生活を始めた。震災後は、小々汐の自治会長を中心とした自主防災組織が、避難生活の采配を振ったが、小々汐の〈大家〉の主人、尾形健氏（昭和一九年生まれ）も陣頭の一翼を担った。そして、避難所では夫人の民子さんが毎日の賄いの方を担当したのである。まずは、ヘリコプターでお年寄りや病人を気仙沼市内の病院などへ運んだ。当初は水道が使えず、毎日五〜六人が交替で背後の山から沢水を汲んできて、炊事は薪で用立てた。震災から一カ月は、電気が来なかったからである。浦島小学校における避難所が閉鎖されたのは震災から約二カ月近くの四月三〇日であった。

　その後の高地移転の動きのなかでも、〈大家〉は六〇ヘクタールを越える山林を所有しているために、自宅の移転より、集落の人々を優先させ、率先して土地を分けなければならない立場にあった。〈大家〉が藩政時代のなかばまで居住していたタクバが移転地となったが、移転希望者は一二戸という、小々汐のかつての戸数五六戸の五分の一にも満たない状況である。しかし、小々汐に残る家は、ほとんどがタクバという高地に移転することで、三陸沿岸の他の集落に見られるような、防潮堤問題は顕著に現れなかった。

　この移転に関しては、〈大家〉の当主の尾形さんによると、必ずしも小々汐の五系統の本家―分家関係の家々が相談をして移転を決めたわけではなく、各家では小々汐以外の市内各地に移転を独自に判断して決定したようである（注7）。

　つまり、本家―分家関係の根強い「同族団」の集落として捉えられていた小々汐においては、前

昔の網元の姿を残す小々汐大家（10.2.12）

述したように、その家の系統が五系統あり、さらに、各家が生業を別にして自立的な生活をしていたのが、震災前の状況であった。ただし、小々汐の〈大家〉に対する小々汐住民の意識は、その築二百年の茅葺屋根と長屋門のある屋敷構えとともに、やや象徴的に「総本家」として接していたように思われる。その尾形家の建物が、東日本大震災による津波で壊滅することになったことは、その家屋を中心に行なわれてきた年中行事や儀礼とともに、〈総本家〉という象徴性そのものも、目の前から消えた感がして、その物理的な崩壊の意味は大きかったと思われる。

釣漁村のムラ——宮城県気仙沼市唐桑町鮪立

鮪立は、前述したように、延宝三（一六七五）年に、紀州の一本釣り漁法を南三陸地方で初めて開始した漁村であり、その漁法を紀州の漁師七〇名ほどを抱え込んで、地元に習得させたのが〈古舘《こだて》〉（屋号名）の鈴木家であった。この集落も、〈古舘〉を中心とした本家と分家関係を基軸とする形態であるが、小々汐と同様に、必ずしも一系統だけではない。

分家の多い順に、本家の屋号とともに並べてみると、次のようになる。〈古舘〉二二戸・〈西之前〉二〇戸・〈長浜〉一五戸・〈地田浜〉一五戸・〈樋《とい》の口〉九戸・〈上東〉九戸・〈丑《うし》畑〉八戸・〈上船本〉七戸・〈中西〉六戸・〈上川向〉六戸（注8）

さらに、小々汐のような大人数を必要とする〈ムラ網〉に近い網漁村とは相違して、それぞれの本家頭がかつてはカツオ船を経営していて、昭和四九（一九七四）年まで続いていた。

そのことを象徴するように、本家頭の家々は皆、楕円形の鮪立湾に沿って並び、船は家の真ん前に着岸するために、その順番が決まっていた。それを「トモ綱順」と呼んでいる。大正初期の鮪立港におけるトモ綱順を屋号で示すと、次のとおりである。

古舘前↓中前↓上鼻子↓カジヤ↓下鼻子↓橋下↓石橋↓西の前鰯網↓中折口↓後河岸↓共同鰯網↓下角地↓上新屋↓丑畑鰯網↓丑畑新屋↓樋の口↓河岸前庄屋↓清水尻万五郎屋↓清水尻鰯網↓清水尻の上↓清水尻河岸↓釜の前鼻子↓釜の前の上↓釜の前新屋↓山根↓恵比須棚①↓恵比須棚②（注9）

このトモ綱のうち「鰯網」という呼称は、カツオ船のほかに、餌イワシ用の網船も所有していたことを示している。また、通称「河岸前《かしまえ》」と呼ばれる岸には、カツオ船を経営している家の住居だけでなく、鰹節工場もあり、加工するための水を確保するためのそれぞれの井戸もあり、現存していたところもあった。このトモ綱順を比較のために、震災前の鮪立湾に面した家の屋号の状況を順番に挙げておく。

古舘↓西之前↓西↓上船本↓中西↓長浜↓上東↓丑畑↓上川向↓地田浜↓樋の口（注10）

以上のように、大正初期と比較すると鮪立の船数は二七隻から一一隻まで激減している。唐桑の多くのカツオ船は、戦後、沿岸のカツオ船から大型の遠洋マグロ延縄船に切り替え、漁場を世界の七つの海に乗り出したことや、その後は国の減船政策や倒産により、そのマグロ漁業自体を止めていったことなどが理由として挙げられる。戦後の七〇年代までのマグロ漁業の盛んであったことの名残として、乗組員が争うようにして造作した瓦屋根の「唐桑御殿」がこの鮪立にも見ることができる。鮪立の「トモ綱」として、大正時代を通して、古舘・西の前・丑畑・樋の口の四戸だけしか残らなかったことは、昭和時代の激しい漁船漁業の盛衰を物語っているといえよう。

擂鉢状の地形の鮪立においては、この本家が河岸前を占めていたので、その分家は後ろの山に沿って上がっていくように別棟を建てている。それぞれの本家が、カツオ船を経営し、それに伴う鰹節の加工場と井戸の立地を考えると、井戸の立地に好都合な、いくつもの沢ぞいに本家と分家が並んでいると考えてよいだろう。分家は沢の上へ上へと建てていったのである。

しかし、今回の東日本大震災においては、その立地のために、本家に相当する家が流失し、震災後は分家へさまざまなことの支援を求めるかたちが多かったという。鮪立は、戸数二七二戸の比較的大きな集落であるが、五区に分かれ、そのうち主に鮪立湾に面している一〜三区を合わせると、戸数一八〇戸である。四区は隣の湾に面している藤浜（字《あざ》名）、五区は鮪立集落に入る山間部の越路《こえじ》（字名）であるから、本節で扱う「鮪立」とは、〈古舘〉鈴木家を含む一〜三区を対象とする。その一八〇戸の戸数のうち、流失または損傷したのは七一戸で、死者は九人であった。

しかし、〈古舘〉鈴木家は、鮪立湾には沿って建っていなかったので、家の前が海に臨んでいるにもかかわらず、浸水しなかった。そして、通常にも、裏山から水を引いて、生活の役に立たせ、市からの水道は非常時のときと考えていたのだが、地震直後はこの水道の方が役に立たず、結局は、鮪立の避難所（「鮪立いこいの家」）の人たちの食事や風呂は、裏山から水を引いた〈古舘〉の大釜が大活躍した。

リアス式海岸は、たしかに津波には不利な風土であるが、震災後は、そのリアス式海岸の特徴である、すぐ集落の後ろに山を背負っているという利点を生かして、沢の水や燃料としての薪を得ることができた。とくに唐桑半島は沢水が豊富で、鰹節の加工ができ得たのも、カツオを洗ったり煮たりする、この沢水のお蔭であり、カツオ漁が栄えるに、ふさわしい風土を本来的にもっていた。風土のもつ、このような両義的な性格を認識していくことで、それぞれの地域の生活文化を育てていったものと思われる。

人々を救った〈古舘〉鈴木家の大釜（14.4.27）

また、結局のところ、この鮪立という集落も、〈古舘〉という有力な本家の主人が震災後にリーダーシップを発揮して、事に当たったことが理解される。〈古舘〉が立地するところは、少し小高いところにあり、家の前には船が着けられるような小湾が控えている。小々汐の〈大家〉のように、藩政時代に高台から降りてこなかった理由は、この小湾が当初からあったということに尽きるのかもしれない。

小々汐の場合は、気仙沼湾の湾奥に当たり、湾内を回遊してくるイワシの群れを待ち構えて捕ることができるという、他の湾内の漁村に比べて優位性があり、目の前に漁場にあるかぎり、海の傍らに住む必要があった。それに比べると、鮪立のカツオ一本釣りの漁場は湾外にあり、その餌イワシのための定置網も浜から遠くに立地していた。冷凍設備のなかった時代、鰹節の工場は、船の付く岸に近いことに越したことはないが、〈古舘〉の納屋（工場）は住居と接して立地しており、鮪立湾沿いには当初からなかった。

東日本大震災においては、鮪立湾に向かう集落一八〇戸のうち一〇九戸が流失をのがれたが、震災後の防潮堤建設に関わる動きにおいても、〈古舘〉の当主の鈴木伸太郎氏を中心として進められた。宮城県では当初、海抜九・九メートルの巨大防潮堤の建設計画をもちかけたが、この擂鉢状の地形の漁村では、防潮堤に対してさまざまな意見が出された。

鮪立は気仙沼湾内の東側の唐桑半島に位置しているので、津波侵入当時の写真を見ると、津波は湾奥の気仙沼市街地へ向けて激しく動いており、鮪立の集落は、実際に風呂に水を溜めるように静かに上がってきたという。鮪立の鈴木忠勝さん（昭和七年生まれ）は、このような津波の特徴が見られた鮪立で、はたして九・九メートルの防潮堤が必要であろうかと思ったという。鈴木さんはワカメの養殖を営んでいるので、海で働く人にとって、使いづらい港になると語っていた。さらに、津波のときは、海の様子を見ながら逃げたので、今後に防潮堤ができたとすると、海が見えなくなり、なおさら危ないのではないかと疑念を感じていた（注11）。鮪立は擂鉢状の地形なので、海岸から高台へ抜ける避難道の建設が、防潮堤の建設より先なのではないかという意見も多かった。

しかし、防潮堤ができないと地域の整備が進まないという宮城県の申し出があり、二〇一三年の一二月、鮪立自治会の鮪立まちづくり委員会では、明治三陸大津波の高さが四メートルであったことを踏まえ、余裕高一メートルを含め五メートルとするように求めた署名簿を提出したが、現在は八・一メートルということで合意が成立している。

以上のように、三陸沿岸の漁村においては、震災後にそれぞれの生活の建て直しをはかると同時に、鮪立を典型とするように、行政主導の防潮堤などの施策にも向き合わなければならなかったのである。

契約講のムラ―宮城県南三陸町歌津

集落の後ろに直接に山々を背負うリアス式海岸の地形を典型とする三陸地方の漁村は、震災後に容易に飲料水を確保できる反面、主要な道路が寸断されると、その背後の山々のために孤立してしまうことがある。宮城県南三陸町の歌津に位置する中山や馬場の集落はその典型であった。

東日本大震災では、中山と馬場の二つの集落を合わせて七人が死亡。中山の全戸数五四戸のうち五〇戸が流失損壊、馬場では戸数四二戸のうち　二〇戸が流失損壊した。ワカメの養殖を主とする集落であったが、五トン未満の漁船が百艘ほど流出している。震災直後、目の前の港には三艘の船がひっくり返っており、後述する中山の阿部倉吉さん（昭和二五年生まれ）によると、それぞれの船にはオフナダマが祀られているので、そのフナダマを救出できずに、毎朝、浜から船へ向かって手を合わせていたという。

震災後の中山や馬場の状況については、二〇一一年一一月六日放送のNHKスペシャル「孤立集落　どっこい生きる」のなかでも紹介された。同番組では、当時の中山地区会長の阿部倉吉さんに焦点を当てて放映されていたが、津波後に「馬場中山生活センター」に避難した約一八〇名の住民は、馬場と中山という二つの集落に住む人々であり、それぞれの集落に契約講があり、その中山の「契約会」の会長が阿部さんであった。馬場の当時の「契約会」の会長は三浦一郎さんであり、会長は持ち回りで、彼らは、たまたま震災に当たったわけであり、「馬場中山生活センター」での采配は阿部さんを主導に行なわれた。個人の力量もさることながら、「契約会」の会長であったという、社会的な意味が効果を発したものと思われる。

このとき、中山と馬場の契約会を合わせて暫定的に組織化したが、会長（中山）・副会長（馬場）のほかに、幹部を二つの集落から五名ずつ計一〇名を選んで補佐役に置いた。区長や元契約会会長、元町議会（南三陸町）議員などが幹部に選出された。中山や馬場にはそれぞれに行政区レベルでの区長が選出されているが、行政の連絡係という役割であり、実質的に集落の意志決定をするのは「契約会」であったことがわかる。

この震災前の「契約会」について簡単に説明をしておくと、中山集落四二戸、馬場集落四三戸の、それぞれに講があった（注12）。「契約会」に入会するには、出資金一〇～二〇万円が必要であり、中山では新たに分家になった家など七～八戸は入会していなかった。

中山契約会と馬場契約会の会員は、毎年一月の第一日曜日に会合が「馬場中山生活センター」を会場として行なわれ、そのときに集落内の街灯を維持する費用の「街灯料」として、会員の各家から五千円ずつを集金した。街灯は中山だけでも五～一〇本は立っていた。この両契約会の総会においては、タラ汁などのお膳を並べ、舞踏などの披露をしたり、賑やかな集まりであったという。震災後に「馬場中山生活センター」を避難所として、約一八〇人が避難してきたときにも、両契約会が中心となったのは、以前から総会などを合同で同じ場所で開催していたという経緯があったからだと思われる。

毎年、このほかの収入源として、漁業協同組合から譲渡されている契約会の漁場からの収入がある。中山の防波堤の内側の漁場で、二月一日の「磯あけ」後に、アワビ・マツボ・フノリ・カジメ・天然ワカメ・ウニなどを採り、年間一五〇万円ほどの収益があった。馬場の場合は、震災前から漁場に恵まれ、年間一千万円は確保できたという。

中山では契約会関係の収益は、以前は二〇〇～二三〇万円はあったが、現在は、五四戸から二四戸まで軒数が激減したこと、漁場に関しては磯が荒れてしまった上に、採集する人員の確保が難しくなったので、一〇〇～一四〇万円止まりまでになったという。

契約会の仕事としては、この漁場の維持と採集のほかに、主に五十鈴神社（中山に位置する神社）の祭典前後の準備や後かたづけなどがある。これには二二～二三万円があてがわれ、諸経費のなかには旧暦一〇月八日の祭典前の旧暦一日に集団作業として行なわれる神社の草刈りのときのタバコ代（一服時のジュース代）などが含まれている。ほかには、盆が近づけば墓道の草刈りや清掃、側溝の土砂揚げなども定期的に行なわれた。墓は中山・馬場・名足《なたり》の共同墓である。また、中山には「契約山」と呼ばれる山を、田束山《たばしねやま》など三～四カ所に、契約会の共有財産として所有しており、この山の下刈りなども、集落の学校の行事を兼ねて継続していたという。

これらの契約会を維持する金額のうち、会員が借りる場合もあり、それで家を建てた場合は、上棟式の手伝いに行くのも、契約会員の仕事であった。とくに契約会長の夫人は、五十鈴神社の祭日の賄いなどの采配を任せられ、男性の会員は口を出すことはできなかったという。契約会の集まりにも、必ず会長だけは夫婦で出席することになっていた。この会長夫人の役割も、後述するように、震災後の避難生活に発揮されることになった。

その震災後に、二つの「契約会」がどのような対応をしたのかということを捉えておくと、まずは孤立してしまった集落に道を通すために、山に置き去りにしてあったユンボを用いて、震災後一〇日も経たないうちに、歌津の中心部である伊里前《いさとまえ》まで至った。先に、病人ほか八〇～九〇歳のお年寄りを七人、集落の外へと連れ出した。

震災当初から「馬場中山生活センター」で、畳一枚に付き四人が住むという生活が始まったわけであるが、食料は被災した自宅を含め、外に投げ出された冷蔵庫のなかから、あらゆる食材を集めさせた。同様に被災した車からはガソリンを抜き、家々の湯沸し器を破壊して、残っている水を飲料水として集めた。水に関しては、ここでも裏山があったために、毎日タンクで沢水を運んできたという。風呂はドラム缶三個を用い、瓦礫を燃やして湯を沸かし、交替で入っている。

食料の集まらない震災後の一週間くらい、三食のうち二食は、冬至の日に食べるカボチャ粥で済ましたが、その後、主食の米は、各家々にあった一年間の備蓄米を籠に集め、ゴミをとってから真水で洗い、ブルーシートの上で乾燥させた。これらの作業は、どちらかといえば、おばあさんたちの仕事であった。若いおかあさんたちは、各家々の冷蔵庫から集めた食材を用いた献立作りと調理、それから、ダイコンやゴボウ、ニンジンなどは、昔からの保存法である、土に埋める方法を用いて、その作業に当たっていた。避難所となった集会所では、毎日一トンの米を炊かなければならなかった。一度の食事を三回に分けてご飯を炊き、お年寄↓中年↓若者の順に済ましていった。中山と馬場の、約一八〇名の被災者に対する、町からの支援の最初の野菜は、ゴボウ一本、ネギ二本、タマネギ五キロだけだったという。

中山や馬場でワカメ養殖という生業を再開するには、まず、海底に沈んでいる瓦礫の撤去と、漁船を必要とした。船を接《は》ぐと家の方の建築は遅れると言われながらも、「家より船」が漁師たちの考えであった。その後、インターネットで支援を呼びかけ、石川県・福井県・徳島県から小型船が集まってきた。「養殖船」と呼ばれる、より大きな船は、函館で中古船を見つけて購入し、五人の者がこれを操船して中山まで運んだ。ワカメ業者たちが震災の年に共同出資をした合計は、約七百万円であったという。

「馬場中山生活センター」の避難所を閉鎖したのは、震災からちょうど四カ月後の七月一一日、阿部会長が最後に避難所から出た。このあいだ、生活の立て直しのほかにも、百カ日の法要など、供養の行事に関しても、契約会がお世話をすることになった（注13）。

中山と馬場との二つの契約会は、震災から三年後、震災当時の暫定的な組織にしたがって合一化が図られて、現在に至っている。中山は戸数が半減して二四戸、馬場も九戸減って三三戸になったからである。会則は津波で流失されたので、中山の七代前までの会長全員を集めて相談に至り、会長・副会長の任期は二年、幹部は三年として、新たに中山と馬場の「契約会」が成立した。共通の被災体験を経ることによって組織化されたわけではあるが、その柔軟な対応の仕方は素早かったといってよい。

以上のように、「契約講」のある集落は、これまで共有地や共有地管理を主にして論じられることが多かったのであるが、ムラの祭礼などのハレの日の行事にも契約会の会長夫婦に大きな発言権が与えられていた。そのハレの日でもある非日常的な時間は、自然災害という非日常的な時間においても同様であったことが、この事例からうかがうことができたと思われる。

なお、この馬場や中山でも、小々汐と同様に集落における流失家屋の割合が多く、各所へ分散移転を行なったために、鮪立のような深刻な防潮堤問題は逆に生まれなかったことを付け加えておきたい。

「大仲」のムラ―岩手県釜石市唐丹町花露辺

岩手県内の被災市町村のうち、震災があった二〇一一年の一二月に、他に先駆けて行政と住民の合意形成を行ない、復興計画を押し進めたのが、釜石市唐丹町の花露辺《けろべ》という集落であった。

東日本大震災による津波では、六八戸のうち二五戸が流失、死者一名を出した集落である。

その花露辺では、震災から三カ月も経たない六月一日に、市に対して住民の話し合いによって作られた復興計画の要望書を出している。昭和八（一九三三）年の三陸大津波の際にも、住民の協力で自分たちで高台に移った四戸があり、この周辺を花露辺では「フッコチ」（復興地）と呼んでいる。

花露辺町内会の下村恵寿《しげとし》会長（昭和二四年生まれ）によると、岩手県では当初、海抜一四・五メートルの高さの防潮堤を提案してきたが、「海面《うみづら》を見ながら作業を決める」という、これまでの生業のありかたを懸案して、この防潮堤を拒否することにした。また、平らな土地の少ない擂鉢状の地形に位置する花露辺においては、防潮堤の横幅（横断面）が長いために作業をする土地が狭くなり、さらに、数年に及ぶ防潮堤の工事期間には漁業がしにくくなることや、海洋環境への悪影響、あるいはコンクリートによる安全は十分確保できるのかという疑念などから、いわゆる行政主導の「近代復興」（注14）を拒否したのである。

また、「海面を見ながら作業を決める」と言われているように、花露辺ではこれまで海を見な

花露辺の集落（97.4.12）

がら生活をしてきた。防潮堤ができたら、海が見えなくなるので、日常的なことはむろんのこと、災害などの非日常時でも危険である。「津波が来たら、逃げることを最優先」という意識を持続させることの方を選択したという。下村会長の言葉によると、「地域に合った命の守り方」を主張したわけである(注15)。

ところで、花露辺と、前述した鮪立のように、三陸沿岸で特徴的な、山を背にした擂鉢状の漁村では、震災後の対応で、近似した場面が見られた。たとえば、花露辺でも、震災後は、鮪立と同様に沢水を引いて、トイレ、風呂を自分たちで作って対応している。しかし、防潮堤の対応で、花露辺と鮪立とで分かれていったのは何故かということを、ここでは考えなければならないだろう。

「花露辺と言えば、まとまりが強い」と言われる所以は、まず、六八戸という、比較的に少ない戸数であること(鮪立は一八〇戸)。それから、花露辺には今は一艘しか操業していないが、昭和三〇年代に多いときで一〇艘のイカ釣り船があり、一艘に付き一〇人くらいが乗船していたといい、その船の仲間同士の結束力が強かったことである。下村会長の話によると、この一種のかつての「漁労集団」が花露辺の集落の基軸となり、今回の震災においても、大きな力になったという。つまり、花露辺は、三陸沿岸に特徴的に見られる契約講もなく、本家と分家関係もそれほど強い集落ではなかったのである。

少年が回すイカ釣り船のシングル（気仙沼港、昭和30年代）

　とくに、このイカ釣り漁には、「オオナカ（大仲）」と呼ばれる、水揚げ量の分配慣行がある。つまり、水揚げ量の四割が船主、残りの六割を操業した船に乗った船員で平等に分けるという慣行である（注16）。乗組員は年齢を問わず、下村会長も高校に通学していたころ、乗り組んで一人前の分け前をもらっている。

　漁期は六～一二月のあいだ、漁獲量が多かった昭和四〇年代は、この約半年間の操業で一年間の生活費を稼ぐことができたという。一～三月は山間部へ湯治に行き、温泉三昧だったと伝えられている。下村さんの漁の時間は夕方の四時に乗船して、翌朝の七時までのあいだ、それから学校へ行き、午後は仮眠をとるという毎日であった。中学二年生の夏休みからイカ釣り船に乗ったというが、船上の仕事は、シングルと呼ばれる、擬餌針が六〇本付いているドラムを回して、イカの釣り糸を巻く仕事であったので、ともに乗り組んでいたお年寄りからは、学校のある前日などには、「まぶっている（見張っている）から、スルメ（イカのこと）が来るまで休め！」と、言われたという。船に乗らなければオオナカの分け前がもらえないので、船上で寝ているような生活であったともいう。

船主は旧家や地主などの資金力があるものがなった。さらに兄弟などの男手の多い家であることが必要であった。一艘の船には、船主のシンセキたちが集まって、擬制的な家族関係のようであったというが、船には漁に当たりはずれが多いことから、兄弟は一艘のうち、別々の船に乗ったという。

親子や兄弟が別の船に乗るということは、三陸沿岸においては一般的で、それは海難事故などで、一度に一家の働き手を失うことを避けた慣行でもあった。一家で漁を得るためにも、逆に災害などのリスクを避けるためにも、親子兄弟は別の船に乗ったのである。震災後、にわかに脚光を浴びた「津波てんでんこ」（注17）の発想の根源である。

昭和三〇年代後半から四〇年代にかけて、イカはよく捕れて、大漁をすると、分け前のほかに「当たり金」をもらえた。当時の大漁の基準は「百貫釣り」と呼ばれ、約三トンであったという。

大漁をすると釜石港の問屋へ水揚げをして、そのときに釜石の町から饅頭や洋菓子などの「お茶菓子」をお土産に積んでくる。「今日、お茶菓子、積まさったぞ！」という掛け声が、大漁の合図であった。釜石から花露辺までの帰りの船では、フライ旗（大漁旗）を揚げ、「大漁の酒だから」と言って、中学生のころから酒に親しんでいた。花露辺に着くころには、北島三郎が歌う演歌などのレコードをかけて近づき、オカからは小さな籠を持ったお母さんたちが集まってきた。

大漁をした年には、船主から記念のカンバンをいただいた。Tシャツや皮のコートの背に船主の家印《いえじるし》が入った衣類が多く、漁期の終わった旧暦一一月六日の、花露辺の海頭《かいとう》荒神神社の祭典に、その新しいカンバンを着て行くのを自慢にした。漁獲量を他の船と張り合ったためである。さらに、この祭典には、船ごとに頭《かしら》カグラ（獅子振りのこと）の振り方を競いあった。下村さんもカグラに見立てた釣瓶を持って練習をさせられたという（注18）。

この船ごとの「漁労集団」は、今回の震災でも多くの力を発揮した。かつてはイカ釣り船の集魚灯の下で、ご飯は「てんでんこ」に家から持ち寄り、同じオカズを食べた仲間は、以心伝心で災害時でも結束が固かったという。船同士では対立しながら、集落全体ではまとまりが良いということは、けっして矛盾することではない。それは、前述したように、一家のなかでも多くの船に分かれて乗っているからである。このような漁労集団を基軸とした集落であったからこそ、一早く集落内で復興計画を立て、防潮堤を拒否していくことになったものと思われる。

また、旧唐丹町の五地区（本郷・花露辺・小白浜《こじらはま》・片岸［荒川を含む］・大石）では、この「オオナカ」の慣例を行なっているのは、ほかに大石集落だけである。ほかでは、同じイカ釣り漁船であっても、「釣っとり」と呼ばれ、乗船してそれぞれ釣っただけのものを頂戴する。しかし「オオナカ」の慣行で協力する方が、個々で競い合う「釣っとり」より、結果的に多く捕れるというのが下村会長の考えである。このような協力の仕方に優れていることが、花露辺という集落レベルに移行しても、十分活用できた大きな要因であったと思われる。

おわりに

以上、東日本大震災後の対応の仕方を中心に、三陸沿岸の集落の諸相を叙述してきた。また、震災時にかぎらず、それぞれの集落の歴史的な経緯や特徴についても、それに絡めて簡単に紹介をしてみた。本家―分家関係の根強い集落や、契約講が力を発揮している集落、漁労集団が要となっている集落など、さまざまな共同生活が見られる。

もし、それらの集落に、ある共通点が見出されるとするならば、次のような点である。まず、三陸沿岸の風土的な特徴である「山海至近」の地形は、震災後の飲料水の確保に有利であった。鮪立において、このような潤沢な沢水は、かつては鰹節製造を支えた条件でもあった。津波後の「高台移転」をすぐにも発想できるのも、この風土的な特徴に起因する。また、沿岸に沿う主要な道路が津波で裁断されたときに孤立してしまうのも、この山を背にした地形のゆえである。しかし、このように住民にとって両義的な風土を認めていたからこそ、そこに住むことができ得た理由でもある。

三陸沿岸にかぎらず、もしも、この列島の自然がただ恵みだけを与え続けてばかりいたり、逆に災害だけを与え続けていたりしていたとしたら、人間は自然と深い関わり方はできなかったであろう。自然が畏怖と恵みという両義的なものを内在しているからこそ、自然に対する次元の高い信仰や文化が生まれたものと思われる。

また、震災時における基本的な衣食住のありかたについては、集落の女性の役割が目立った。それは集落によっては、本家頭の家の夫人や、契約講の会長夫人が差配をとったが、避難生活において大きな力を発揮することになったと思われる。災害時における集落の対応ということになると、それが本家―分家の根強い集落であろうと、契約講の強い集落であろうと、どうしても男性中心のイメージで語られがちであるが、その反省を強いるような現状も多かった。

これらの採り上げた集落は、自然災害からの復興に関しては、まだ道なかばである。鮪立や花露辺のように防潮堤を問題化した集落もあれば、小々汐や中山のように早くも高台移転の方に目を向けた集落もあり、その道筋も多様である。今後も、手放すことなく、長きに渡って参与観察を繰り返しながら、それぞれの集落の動態を捉えていかなければならないだろう。

以上の採り上げた集落にかぎっていえることだが、本家―分家関係の強かった集落では、たとえば、小々汐の総本家が自らの家が流されたにもかかわらず、所有する山林の土地を集落内の他の家々が移転する場所として分ける立場にあったこと、また、鮪立で分家が本家を災害後に支援をしたことなどは、本家と分家とがその関わりを軸としても、柔軟な対応を始めていることが理解される。その緩やかな関係性は、震災前から進んできたことであった。

それと同様に、契約講や漁労集団を集落の核としているところでは、震災後に集落から人口が流失している状況のなかでも、柔軟に対応しながら人々の共同生活を継続させているように思われる。南三陸町の中山では、震災後に戸数が半減したので契約講は馬場の集落と合わせて行なうことで、その機能を継続させた。釜石市の花露辺では、震災時にはかつての漁労集団が中心となって結束していった。つまり、集落の意志決定が回りやすいように仕組みを変えながら、生活を後回しにしない復興を目ざしているように思われる。

最後に、三陸沿岸になぜこのような多様な集落が生まれたのか、ということに触れておきたい。漁業ということを主とする集落においては、まずその地形と、捕るべき魚の選定や、その魚の生態など、自然現象に影響されることは第一の要件である。

内陸（オカ）へ入り込むリアス式海岸の地形においては、たとえば、同じ気仙沼湾内でも、外洋に近く、カツオ一本釣り漁を選んだ鮪立や、湾奥に位置しているがゆえに回遊してくるイワシを捕っていた小々汐などに、捕るべき魚種や漁法に違いが現れていた。ムラ網にもなるような多くの人数が必要な網漁の漁村と、比較的に人数を抑えることが可能であった釣漁の漁村においても、オカの集落の生活へ影響を与え続けたと思われる。鮪立と比較して小々汐に本家―分家関係が濃厚に残っていたのはそのためである。つまり、漁業組織の形態も、集落の構成の仕方に大きな影響を与えていたのであり、それは釜石市の花露辺の例でも特徴的である。これを第二の要件だとすると、集落は自然からも、漁業形態からも、そのあり方を決定されていたことがわかる。

三陸沿岸の漁村集落が多様であったのは、それだけ自然が複雑であるがゆえに豊かであり、さまざまな魚種をさまざまな漁法で捕獲していたことに尽きるのではないかと思われる。当然、津波を主とする自然災害からの受けかたも、地形のような地理的な違いだけでなく、集落のつくりかたによって違うであろうし、その集落の生活のありかたによっても相違する。それは当然のことながら、自然災害からの回復の仕方も違うことになる。机上で津波の高さや浸水線を計算するだけの作業からは想像もつかない、多様な生き方がある。

自然災害から「生命」だけでなく「生活」を守るのが、真の「防災」や「減災」であり、まさしく、自然災害からの行政主導の復興の仕方を、近代からの産物として対象化することで、それを乗り越えていかなければならないものと思われる。もしかしたら、人間の生活文化を主軸とする復興は、集落の単位で、すでに集落の歴史とともに培ってきたものかもしれないからであり、われわれは、そこで汲み取れるものから学ばなくてはならないだろう。

以上のように、本節の事例のほかにも、さらに多くの集落の実例を重ね合わせながら、今後の復興の状況を見定めていかなければならないであろう。それらを、ていねいに捉えていくことこそが、回復から真の復興へ至る道への一助になり得ると思われるからである。

注1　三陸沿岸の「契約講」に関しては、江馬成也「契約講について―三陸南部小漁村の場合を通じて」『東北文化研究室紀要』第1集（東北大学文学部東北文化研究室、一九五九年）四九七〜五一六頁や、福田アジオ「契約講―地域的差異と歴史的性格」『陸前北部の民俗』（吉川弘文館、一九六九年）六三〜九三頁、志津川町文化財保護委員会編『契約講―戸倉半島北岸の契約講』（志津川町教育委員会、一九七八年）などの研究や報告がある。なお、本節では、学術語彙としての「契約講」についてはカギカッコで括らず、固有名詞にかぎって、カギカッコで括って、たとえば「契約会」などと表記することにする。

2　小々汐を「同族結合村」として初めて捉えたのは、社会学者の竹内利美である（注4参照）。

3　〈大家〉のススハキ行事に関しては、川島秀一「漁村における口承文芸」（同著『憑霊の民俗』、三弥井書店、二〇〇三年）一四〜二二頁に詳しく述べた。

4　竹内利美編著『漁村と新生活』（気仙沼市教育委員会、一九五九年）七七〜八〇頁

5　一九九五年八月五日、宮城県気仙沼市小々汐の尾形はま子さん（大正七年生まれ）より聞書。なお、小々汐のオシラサマについては、三崎一夫『図説陸前のオシラサマ』（萬葉堂書店、一九七二年）八七〜八八頁に詳しく報告されている。

6　一九九五年八月五日、宮城県気仙沼市小々汐の尾形あきのさん（大正九年生まれ）より聞書

7　二〇一五年二月六日、宮城県気仙沼市の尾形健さん（昭和一九年生まれ）より聞書

8　石橋理志「三陸沿岸地域における漁村集落空間の変遷―宮城県気仙沼市唐桑町鮪立の事例」（上原慧史ほか編『漁業集落から見た復興の課題』、二〇一三年）一一二頁

9　川島秀一「浜田徳之漁業資料（1）」『漁村』第五六巻第四号（漁村文化協会、一九九〇

年）六七頁

10　注8と同じ。一一五頁

11　二〇一三年七月六日、宮城県気仙沼市唐桑町鮪立の鈴木忠勝さん（昭和七年生まれ）より聞書

12　「契約会」の資料については、各契約会長が持ち回りで保存をしていたが、「契約規約定書」などの会則や収支決算書などの資料も今回の津波で流失しており、聞書き調査によってしか得られない状況である。以下は、二〇一五年二月八日に、中山契約会元会長の阿部倉吉さん（昭和二五年生まれ）からの聞書きである。

13　二〇一三年一〇月三日と九日、注12の話者から聞書

14　「国内の研究者ら約三万五千人が所属する日本建築学会の会誌「建築雑誌」で克服すべきテーマとして提示された造語。明治時代から続く近代復興の特徴として▽事業主体は地方でありながら政府・官僚が主導▽開発を前提とし、迅速性をよしとする▽生活（生業）を後回しにし、基盤（インフラ）整備を優先する▽標準型の政府の事業メニューで、事業ありきの発想—などを挙げる。東日本大震災を機に「ポスト近代復興」の構築へ向けて活発な議論が交わされている」（「岩手日報」二〇一四年一月一〇日号）

15　二〇一四年一月一六日、岩手県釜石市唐丹町花露辺の下村恵寿さん（昭和二四年生まれ）より聞書

16　「大仲」という語彙は、ほかにはカツオ一本釣り漁などで「大仲経費」と呼ばれ、漁期中に船主と乗組員がともに背負うべき経費を指す言葉として使用されている。主な内容は、餌代、アブラ代（燃料）、氷代、漁期中の漁労機器の購入や修理代、市場口銭（水揚金額の0.03%）、問屋口銭（水揚金額の0.02%）、船員保険料、「餌買」の交通費・宿泊料・食事代などが

含まれる。カッパとかヘルメットなどは個人持ちである。この大仲経費をカツオの水揚げ金額から差し引いた利益を、船主と乗組員とで五〇%ずつ分けるのが一般的である。乗組員は、船頭などの役職のある者数名を除いて、基本的に平等に分配する。花露辺のイカ釣り漁における「大仲」は、この平等性が強調された言葉として使用されていることが理解される。

17 「津波てんでんこ」とは、「自分の命は自分で守る」という意味だが、この言葉は、一般に思われているように、津波の多い三陸沿岸に伝統的に伝えられてきた言葉ではない。これは一九九〇年に岩手県田老町（現宮古市）で開かれた「津波サミット」で、三陸町（現大船渡市）出身の山下文男氏が発言した言葉から生まれた。しかし、三陸沿岸では「てんでん」（銘々）という言葉は以前からあった。「津波てんでんこ」の背景には、各家で津波から一人でも生き残って、その家を継ぐこと（「家の再興」）を最大の倫理としていた、三陸沿岸のある時代的な要請から生まれた言葉である。

18 二〇一四年六月一三日、注15の話者より聞書

六、三陸大津波と漁業集落―山口弥一郎『津浪と村』を受け継ぐために―

はじめに

平成二三（二〇一一）年三月一一日に起こった東日本大震災による大津波は、三陸沿岸に壊滅的な被害を及ぼした。その三陸沿岸を「津波常習地」と名づけたのは、福島県の会津地方に生まれた地理学者・民俗学者の山口弥一郎（一九〇二〜二〇〇〇）であった。山口は昭和八（一九三三）年の三陸大津波の後、あるときは地理学の師の田中館秀三《たながだてひでぞう》と、あるときは単独で被災地を歩き、その被災の状況と復興の様子をつぶさに記録していった。その調査記録の一つが、津波から一〇年後に刊行された『津浪と村』（一九四三）である。

この山口弥一郎の三陸津波の研究については、かつて「津波と伝承―山口弥一郎の『津浪と村』をめぐって―」（注1）という拙文のなかで簡単にまとめた。本節では、さらに『津浪と村』のなかで用いられている、山口の特異な用語に言及することで、昭和三陸津波後の状況の特異性を捉え、さらには今回の東日本大震災による津波からの復興、ひいては海の復興のありかたについて、考えようとするものである。

とくに「津波常習地」、「原地」、「家の再興」という、『津浪と村』のなかでもキーワードともいえる三つの言葉の検討をとおして、今日の復興の状況を考え直す手立てとしたい。

本節の後半では、この山口弥一郎が昭和八年の三陸大津波から意識化した言葉を通して、岩手県釜石市唐丹本郷という、三陸沿岸の一漁村の、津波という災害に関わる歴史と、東日本大震災をめぐる現況を捉えた一事例を報告しておきたい。

山口弥一郎の「津波常習地」

震災後の最初の仕事として、東京学芸大学の石井正己教授と『津浪と村』（注2）を編集したときに、少々気になった言葉があった。それが「津波常習地」という言葉に当てられている「常習」という漢字についてである。現在は、通常「常襲」という漢字が一般的であり、おそらく多くの者が疑念をもつ表現であろうと思われる。『津浪と村』が発刊された当時の一九四三年に、この言葉が「常襲」という意味も含んだ広義の使い方をしていたことも考えられるが、この言葉にもう少し積極的な意味合いを見出していきたいと思われる。

たとえば、山口弥一郎の民俗学の師である柳田国男は、災害について、次のようなことを述べている（傍線は引用者、以下同じ）。

① 「災害の御救済のごときももとより悪いことではない。お見舞いの勅使が行けば土民は感泣する。しかし常の日の事情、すなわち突発の災害に対する抵抗力ともいうべきものが、曽《かつ》て考えられていないのだから何にもならない」（「旅行の進歩および退歩」・注3）

② 「災害が目の前にせまってから、これとひっしに闘うというだけではまだ足りない。どう

すれば日本の国土に相応し、風景と調和し、無事の日にはこころよい住心地と、たのしい安全感とをあたえるような住宅の群れを作りあげて、いよいよわたしたちの愛惜の念を、深くかつ切なるものにし得るかを考えなければならぬ」（「三角は飛ぶ」・注４）

柳田国男には災害を前面に扱った文章は少ないが、この二つの文章を読むかぎり、①に用いられている「常の日」という言葉や②の「無事の日」などの言葉からは、災害という非常時と日常性の関わりに焦点が結ばれていることがわかる。特に①の引用文から読み取れるように、「非常時のなかの日常性」、あるいはもう少し積極的に「非常時を支えている日常性」のようなものを捉えておかなければ、災害の「抵抗力」（これを災害からのレジリエンス〈回復力〉と考えてもよい）も明らかにならないことを述べている。この「日常性」を捉える研究こそ「民俗学」の仕事であり、「災害文化」にも通じる考えかたであると思われる。

「非常時のなかの日常性」を考えるに、自然災害ではなく、さらに民俗学の研究書ではないが、広島の原爆投下の前後の日々を日記体で綴った井伏鱒二の『黒い雨』などが参考になる。この小説のなかで鱒二は、主人公の閑間《しずま》重松《しげまつ》の姪の妻シゲ子の「広島にて戦時下に於ける食生活」という手記を入れることで、原爆投下直前の日常生活を鮮やかに浮きあがらせている。また、最初から最後まで、淡々とした文体によって、原爆投下前と投下時、投下後も変わらずに日が移ろいでいくだけの日常性を基盤に描かれている（注５）。

この『黒い雨』における「広島にて戦時下に於ける食生活」の位置にかぎりなく近いのが、山口弥一郎の『津浪と村』における、「第一篇津波と村の調査記録」のなかの「12両石の漁村の生活」である。この節は岩手県釜石市鵜住居《うのすまい》町両石を、山口と同じ福島県のいわき市出身の和田文《あや》夫《お》により昭和一五（一九四〇）年に調査された民俗記録を採用したものであるが、『津浪と村』の他の節とは文体の上からも違和感がある。つまり、この節は、三陸沿岸の漁村の日常性を描いたものであり、山口が調査してあるいた昭和三陸津波直後の日常ではない。しかし、和田が聞書き調査をした昭和一五年は、昭和八年の津波からわずか七年後である。山口はこの節の末尾で、次のように述べている。

「これらは両石の漁村の生活の一端を述べたに過ぎない。ここで詳述するのは目的でないが、三陸の一漁村にもかくのごとき古くからの生活の伝統がある。津浪の大災害は一挙にしてこれらの漁村を流失させ、狂乱の巷と化すのであるが、復興を遂げ落ち着いてくれば、これらの生活の伝統は再び生きてくる。それほど古くより固持されているものである。災害直後官吏や指導者が机上で設計、考案したままに、村の移動などの行われ難い場合の一因も、この辺にひそんでいることを知らねばならぬ。災害の救援復興は急を要する。しかしこれらの村の生活の伝統を研究することなどは一朝になるべきものではない。永い地味な仕事を、津浪の災害の忘れ去られたころも、コツコツと一人や二人行っていたとて差し支えないと思う。むしろ災害地の村人にこれらの仕事を望んで止まない。村人自身が永い調査研究を遂げるのでなかったら、真の災害救助、村々の振興など遂げられるはずはないと思う」（注6）

山口が和田文夫の調査報告に付け加えているこの末尾に、「復興を遂げ落ち着いてくれば、これらの生活の伝統は再び生きてくる」と述べられた「生活の伝統」とは、柳田の述べた「常の日」と「無事の日」に共通するものである。さらに、「これらの生活の伝統」を把握しようとはしない「官吏や指導者が机上で設計、考案」した施策は、そのために住民の高台移転に失敗している現状も述べている。この点も、先の柳田の短い文章の論旨と同じである。

以上のようなことから、再度「津波常習地」という言葉を捉え直してみたい。現在、一般的に用いられている「津波常襲地」は、津波に被災されたという一過性のある言葉であり、受動的な意味合いだけが濃厚である。しかし、「津波常習地」として使われている「習う」は、「慣れる」という言葉にも通じ、津波を生活文化のなかに受け入れている、あるいは津波とともに生活してきたという、災害に対して、積極的に向き合ってきたという意味合いが強い。

おそらく山口が「常襲」ではなく「常習」という言葉を選択した理由は、そこにあったかと思われる。たとえ、このような捉えかたが穿ち過ぎであったとしても、東日本大震災による大津波を迎えてしまった今後、「津波常習地」という言葉を積極的に評価し、そこに豊かな内実を込めていくことが、現代の復興を考えていく手立てになるであろうと思われる。

まだまだ三陸沿岸の住民に対して、何度も津波の被害に遭いながらも性懲りもなく住み続けている、「愚かで」、「後進的で」、「貧しい」ゆえに移動のできない輩というイメージで語る者が、特に震災後に後を絶たないからである。安全神話を振りかざして、三陸沿岸に住む者たちを赤子

一階をガレージにした三陸沿岸の家（06.8.12）

のように扱い、短絡的に「高台移転」や「防潮堤」を力まかせに実行しようとする輩も、基本的には同じ視点に立っている。

しかし、三陸沿岸に住む者は、津波に対して、ただ手をこまねいていただけではない。そこで「津波常習地」という言葉が生きてくるわけだが、そのような生活文化をどのように伝えてきたかということを具体的に見ておくと、たとえば、家屋の建て方だけでも、独自な工夫がされてきた。少しだけ土台を上げて建築された家、あるいは一階をガレージにして、二階から住居にした家、また、家の回りを強固な塀でめぐらした家などが、三陸沿岸には多かった。これらの家レベルでの津波からの防御法は、集落レベルでは「高台移転」と「防潮堤」の発想に近いものだろう。今回の大津波では、これらの家レベルでの防御法を一挙に崩壊させたが、しかし、三陸沿岸に住む人々は、いたずらに何度も津波災害になすがままに生活してきたわけではなかったことがわかる。それぞれの家で考え、あるいは集落ごとに受け継がれた津波の歴史を伝え、記念物や構造物を積極的に築いてきたに違いないのである。

「津波常習地」という言葉を足がかりにして、今後の三陸沿岸の復興のありかたを、何度も問い直さなければならないだろう。

山口弥一郎の「原地」

山口弥一郎の『津浪と村』には、「常習地」という語彙のほかにも、いろいろと立ち止まって考えなければならない用語が多いが、そのなかの一つが「原地」という言葉である。

たとえば、どのような文脈のなかで使用されるかというと、次のような典型的な文章がある。

「次の津浪を避けるために、せっかく移った村が、なぜに月日が経つにつれて、原地に復帰するのか。その経済的関係が主因であることは知られるが、果してそれのみであろうか。元屋敷とか、氏神とか、海に対するなどの民俗学的問題でも含んでいるとすれば、これは到底津浪直後の官庁の報告書にのみゆだねておくわけにはいかない」（注7）

つまり、「原地」とは津波以前に生活の根拠をもっていた場所という意味であり、建築学などでは「旧地」、東日本大震災後の法的・行政的な用語では「従前地」と呼ばれている内容に等しい。しかし、山口が「旧地」ではなく「原地」という言葉を選択していることのなかには、そこの土地を離れざるを得なかった三陸沿岸の人々の思いがこもっている。

さらに、この「次の津浪を避けるために、せっかく移った村が、なぜに月日が経つにつれて、

被災地の「原地」に建てられた作業小屋
（釜石市唐丹本郷、12.12.9）

原地に復帰するのか」という問いかけは、『津浪と村』の全体に通じる課題であり、テーマであった。山口は本書のなかで、原地復帰の理由をおおよそ三点ほど挙げている。「経済的関係」と「民俗学的問題」、そして、さらに「海に対する等の民俗学的問題」である。

「経済的関係」とは、たとえば、いつ来るかわからない津波のために、毎日の漁にとって不便なところに居られないという、漁業という生業に関わる理由である。山口は、高台移転後に原地に作業小屋や納屋が建てられ、それがいつのまにか住居の母屋になっていく過程を明治二九（一八九六）年の三陸大津波後の事例の一つとして挙げている。東日本大震災後の三陸沿岸においても、作業小屋や納屋がすでに建てられている浜が多い。

次の「民俗学的問題」であるが、山口が挙げている例は、たとえば、津波の怖ろしさを体験していない、他所から来た者が、原地に居座って漁業で成功すると、高台移転を行なった者が居ても立ってもいられなくなり、結局は原地に戻ってくる傾向があること、あるいは、原地に屋敷墓や氏神をそのままにしていると、いつかはそこに住居を構えるようになることなどを挙げている。「此処より下に家を建てるな」と刻んだ昭和八年の津波記念碑で著名になった、岩手県宮古市の重茂《おもえ》半島の姉吉《あねよし》という集落は、目倉《めくら》神社という、集落の神社ごと高台に移築したことで、原地に戻らなかった大きな力になっている。

最後の「海に対する等の民俗学的問題」に関しては、山口は具体的に展開していない。おそらく、海へ向かっての供養の問題等の、海と人間との抜き差しならない関わりについての問題であろうことが推定される。

山口は戦後の高度成長期の頂点を迎えた時期に、「民俗学の応用価値論」のなかで、同様の問題を、次のように述べている。

「私の最も精力を費した問題は、やはり津波常習地としての宿命的な災害を負うてきた三陸海岸の集落を、高地に移動する問題であった。これは純地理学的問題に似て、学位論文ではあまり深くふれなかったが、幾度の災害にさらされても、動こうとしなかったのも三陸海岸に住む人々の気持なら、最後に移ろうかと決意して腰を持ちあげるのも、そこに住む人々の気持である。災害の及ぶ限界は津波と地形で解ける。その限界を越えて村を移せば災害は避けられる。それでは海岸に住む人々の生活が成りたたない。これは経済の問題で解ける。それでも解けないことがあるかと、お役人さんや、地震・津波の研究者はやっきとなるが、村の人は動こうとしないし、補助金をもらって移動地を造成しても移らない。移っても数年にして原地に戻ってしまう。私の集落移動の研究成果は、二十数年も費して、この屋敷神の残る祖先の墳墓の村から、どうして移動させるかの理を説き廻ったところに、ほんとうの特異性があったのではないかと思っている。そして、この最も貴重だと思われる三陸海岸漁村の生きている基礎の心意現象の問題は、論文にも綴れないでいる」（注8）

この文章においても、山口は高台移転の問題を「地理学的問題」、「経済の問題」、「心意現象の問題」に分けて論じているが、この三つの分類は、先に述べた「経済的関係」、「民俗学的問題」、「海に対する等の民俗学的問題」に多少重なるところがある。「経済の問題」と「経済的関係」は一致しているが、それでも解けない問題として「純地理学的問題に似て」と表現している「似ている」問題とは、先の「民俗学的問題」のことであろう。とくに「幾度の災害にさらされても、動こうとしなかったのも三陸海岸に住む人々の気持なら、最後に移ろうかと決意して腰を持ちあげるのも、そこに住む人々の気持である」という箇所は、ある種、山口弥一郎のこの問題に対する到達点でもあるだろう。その「三陸海岸に住む人々の気持」を受けたのが、次の「心意現象の問題」であろう。「学位論文ではあまり深くふれなかった」と述べ、「論文にも綴れないでいる」と記した、この問題とは、先に挙げた「海に対する等の民俗学的問題」のことと思われる。この問題は、具体的な論述ができなかった山口弥一郎の研究から今後に残された課題の一つでもある（注9）。

東日本大震災後の復興案においても、目に立つことが少なかったのが、この「心意」の問題であったことは、心得ておいたほうがよいであろう。

山口弥一郎の「家の再興」

もう一つだけ、津波後の三陸沿岸で、山口の注目した対象のうち、たびたび表現されている言葉に「家の再興」がある。「家の再興」については、本書Ⅰの四でも触れたが、『津浪と村』では第三篇の表題が「家の再興」であり、「復興」ではなく「再興」であることにも注意される。被災後も「生活の伝統は再び生きてくる」という、一貫した山口の考えかたにも通じた言葉である。山口は『津浪と村』のなかでも次のように述べている。

「これらの災害地がいかに復興してゆくかの状態は、詳細に採録してみる必要があると思うのであるが、災害直後の惨害、哀話、救済事情などを伝えたものは若干あっても、力強く復興してゆく村の様子は、一部官庁などの刊行物、訓令、報告書的なものがみられる以外ほとんどなく、特に各家々の再興に関する資料などは皆無と言ってもよい」（注10）

以上のように、『津浪の村』で述べられていることは、被災後の復興へ向けての記録の必要性である。特に、昭和八年の三陸大津波の後、被災した人々が真っ先に取り組んだのが「村々の復興」（第二篇の表題）よりも「家の再興」であった事実である。そもそも「家を再興」することが「村々の復興」に直結することは歴然としていた。

もちろん、ここで語られている「家」とは、建造物としての「家」ではなく、継承すべきものとしての不可視の「家」である。また、「不動産継承」や「漁業権継承」のように、物質的な継承もあるが、『津浪と村』のなかで「仏を守る」と表現されている、子孫からの供養を基盤とする「家」の継承の問題である。

たとえば、「仏を守る」（死者を供養する）、あるいはホトケマブリという言葉は、筆者も直接に耳にしたことがある。岩手県釜石市唐丹本郷の千葉敏子媼（大正一二年生まれ）からの聞書きの伝承である。

「三年生だから、四年生さ上がる三月の三日だから、花露辺《けろべ》さ用あって、夕方、泊まりさ行ってです、そして、こっ（唐丹本郷）から花露辺でも、子供すぐ帰ってきられねからす、泊まって、その晩、流れたの。全部流れて、オレばり残ったの。ホトケマブリに置かれたわけだ。何も子どもだから、何もおせられねでね（教えられていない）しね、そこで、大っきくなって育ったきたもんだから、その家の爺様が、ほんでもやってけでだったから。オレは家督になるべき人でねかった、家督があったからね、みんな流されたから、仕方なくて。毎日ね、子どもでも、死骸ね、訊《た》ねさあるったもの、みんなホトケ（死者）を上げれば、並べて、ムシロかけておくのす、そいづ、へいで（はいで）見てね、上ったの、おらいで五人死んだんだけども、嫁ゴ姉さん、一人、上ったきりだね。あと、おそく何年か、もよって（経って）ね、骨拾ったんだっけ、そしたっけ、夢見でわかんねくてね、おらいのホトケさんでねぇ、

あと、返してもらって埋めたったがす」(注11)

昭和三陸大津波の当日、たまたま隣の集落の親戚に行って泊まっていた少女が、彼女一人を残して家族五人全員が津波で流されたという悲惨な現実に、彼女は自分ばかり残ったのは「ホトケマブリ」のためだったと語っている。むしろ、そのように自己を位置づけることで、災害後も積極的に生き続けることができたものと思われる。彼女は被災されたときに居たその親戚で育てられ、「位牌」を持たせられて自立したというが、この場合の「位牌」とは、津波で亡くなった家族全員に当たる位牌と、その先祖の位牌のことである。

災害に遭った家を継ぐということは、義捐金や屋敷地、山地、漁業権のような経済的な問題だけでなく、この事例のように、ホトケを守るということにも、重大な意味があったと思われる。経済的な面だけ考えれば、津波後は「名子カマド」などと呼ばれる集落内の分家が、自立を果たす良い機会にもなった。いわゆる、津波は、絶えず漁村の家々の均一化をもたらしていたのである。

大津波が襲った昭和初期の三陸沿岸では、一軒に何世帯も同居していることが通常であり、それを「かっこみ」と呼んでいた。たとえば、ある家が流され、そのなかで生き残った者がいれば、その者が継承するのが一般的であるが、問題は一家全員が亡くなった場合である。親戚の者が被災地から遠く離れて生活している場合、その者をまずは家督として引きつれてきて(どちらかといえば女性が多い)、婿をとって夫婦にしてから家を継承させる。あるいは幼いままに生き残った子を親戚が育て、成長するのを待って、その家を継承させる。血縁で継承できない場合は、その家のカマド（分家）が継承したり、使用人である「名子」や網主に対する「名子かこ（水夫）」、あるいは彼らがすでに自立した家を与えられている「名子かまど」と呼ばれる分家の者が家を継承することも、けっして珍しいことではなかった。

当時の家意識のようなものと、現代の家意識には相違が見られるであろうが、今回の東日本大震災の大津波の後で、なかなか見えてこなかった一つが、山口が指摘して、意識的に捉えようとした「家の再興」の問題であろうと思われる。

岩手県釜石市唐丹本郷の場合

これまで山口弥一郎の『津浪と村』から「常習地」、「原地」、「家の再興」という言葉について検討してきたが、最後に具体的に三陸沿岸の一漁村の事例を挙げながら、さらに深めておきたい。岩手県釜石市唐丹本郷は、東日本大震災前は約二百人が住む集落であったが、昭和の大津波で高台移転を成した集落を除いて、ほとんどが被災している。

山口弥一郎は「津波常習地三陸海岸地域の集落移動」のなかで、この「唐丹村本郷」の、明治三陸津波（遡上高一四・五メートル）と昭和三陸津波（遡上高九・三メートル）について、次のように述べている。

①「山沢鶴松が海岸より六〇〇m隔てた山腹斜面の自分の所有地に移り部落全部の移動再興

をすすめたが、これに従ったものは数戸に過ぎず、これも時日の経過と、浜を離れては漁港に遠く、漁獲物の運搬、夜中の入港、漁獲物処理に、女の家族が手助けに出るのに不便で、かつ墓地は旧位置の原屋敷に近く造り、これを移動集落より離して放棄しておくことが忍び難いと、古老は原屋敷、墓地などに愛着が強く、大漁がつづいた際、逐次原位置に戻り、最後には指導者の山沢も原位置復帰の余儀なきに至って、一九三三年再度全滅の災害にあった」（注12）

②「海岸より六〇〇m離し、南面する山腹を階段状に切崩して、全戸収容の屋敷地をつくり一九三五年最初に著者が訪ねた時は、既に八五戸が密居集団移動していた。しかしその後も調査に訪ねているが、大戦前後の移入増加も加えて、なお九戸が移動前の集落位置で生活している」（注13）

①は明治三陸大津波後の唐丹本郷の様子、②は昭和三陸大津波後の同村の様子を述べている。明治の津波後は、山口のいう「経済的関係」（「経済の問題」）により高台移転の住宅地から原地に戻っている。昭和の三陸大津波後も、山口は原地復帰している九戸を確認しているが、確認した年は、第二次世界大戦後の昭和二七（一九五二）年であり、昭和の大津波から、すでに一九年が過ぎていた。この時点で原地に住居を建てた者は、いずれも唐丹本郷と関わりがあった者と思えるが、東京からの戦争疎開者、戦争後に親族を頼った引き揚げ者、釜石空襲で戦災に遭った者など、戦争を原因とする者たちであった。

東日本大震災直前に原地に建っていた戸数は六〇戸、昭和三陸大津波から七八年をかけて下りてきたことになる。六〇戸のうち今回の津波で被災したのは四八戸で、そのうち一九戸が「復興地」（昭和八年後高台移転した集落の通称）から分家として原地に家を建てている。昭和四五（一九七〇）年四月に唐丹湾頭に高さ六メートルの防潮堤が建設されると二一戸が下り、一一年後の昭和五六（一九八二）年四月に、さらに一一・八メートルに嵩上《かさあ》げした防潮堤が建つと、一九戸がまた下りてきたという。

先に紹介した唐丹本郷の千葉敏子嫗の場合は、花露辺の親戚から親たちの位牌を一つ持って「家の復興」を遂げるために、復興地である大曽根《おおぞね》の現在の家に移り住んだ。唐丹本郷では、昭和八年の三陸大津波では三六一名が亡くなったが、裏山を切り開いて高台に一本道を付け、復興をはかった。この集落を現在は「大曽根」と呼んでおり、月日が経つうちに、下の元にあった場所に家が建っていったところは以前と同様に「本郷」と呼んでいたが、今回の大津波では本郷のすべての家が流されたわけである。

昭和八年の津波の後、彼女が住んでいた屋敷地には防潮林が植えられた。小学校を終えたころから滋賀県彦根市の紡績工場に年季奉公として通い始め、その給料を貯蓄して、本郷の下の土地を買って畑にした。食糧不足の戦争中は、ここに豆やアズキ、ジャガイモなどを植えていた。昭和四八（一九七三）年に次男が結婚して独立するときに畑を宅地に変え、三男もその後、彼女の畑があった場所に所帯をもって家を建てた。今回の大津波では、彼女は自分の家の前で、下に住んでいた息子達の家が流されていくのを見ていた。防潮堤の中を家が波の中で行ったり来たりして、やがて視界から消えていったという（注14）。この唐丹の漁村でも、核家族化が進んでいて、なかには長男でも別家をして、下の平地に移り住んでいたのである。どのような理由で、人々が原地に戻っていくのか、その一つの理由が、千葉敏子媼の場合の事例から伺われる。

千葉媼の実家が昭和八年の津波で被災した付近に、現在、防潮堤が建てられているが、その上の道路に面して、明治二九年と昭和八年の津波記念碑が建てられていた。今回の東日本大震災による大津波は、この高さ一一・八メートルの防潮堤を乗り越え、昭和八年の津波記念碑を押し流した。しかし、間もなく集落で発見されたこの記念碑は、元の場所に建てられることになった。

この昭和八年の碑文には、他の地域に見られるような、今後の津波に対する警告ではなく、岩手県が選んだ「復興の歌」が刻まれている。すなわち「大津浪くゞりてめげぬ　雄心《こころ》もていざ追ひ進み　参ゐ上らまし」という碑文である。被災した人々を鼓舞するようなこの歌詞を、昭和八年の津波があった三月三日の「津波記念日」に、小学生が学校の講堂に集められ、オルガンの伴奏で歌わせられたという記憶がある人も岩手県の三陸沿岸では多い。

しかし、当時、岩手県では、もう一つの「慰霊の歌」という歌も作っていた。「亡霊《ナキタマ》は千尋の海に　鎮もりて栄え行く代の　柱たるらむ」という歌詞であるが、記念碑に刻まれることもなく、歌われることもなく、忘れられていた歌詞である（注15）。山口弥一郎が「海に対する等の民俗学的問題」や「心意現象の問題」と呼んだものは、この「慰霊」のようなことを糸口に入っていくことができるかもしれない。本郷では、明治と昭和の二つの記念碑だけでなく、明治二九年の津波の三三回忌に当たる年の昭和三（一九二八）年に、遺体を納骨した場所に供養碑を一基、「村内一同」で建立している。昭和八年の大津波は、この建立から五年目であった。

また、この唐丹本郷では、福寿庵と呼ばれるお堂にあった高さ二四センチの観音像を祀っていたが、この像は昭和八年と今回の津波の二度にわたって流された。昭和の津波では、本郷から外洋へ向かって約四キロ離れた佐須という漁村のある浜に流されている。佐須では当時五歳になる男児が発見したのだが、どこの仏像であるかわからず、授かったものとして、その家で祀り始めたが、それからは、どんどん大漁をするようになったという。昭和二二（一九四七）年にその観音像が唐丹本郷にあったものであることが判明したために元のお堂に戻されることになったが、今回の大津波で再び流失することになった。しかし、震災から二〇日ばかり過ぎたころ、浜で光るものを見つけた者がいて、この観音様は再び救出されることになった。新しいお堂が建つまで、千葉サヨ子さん宅さんの家で預かることになり、その後、消防屯所に移り変え、参拝にくる本郷の住民も多かったという（注16）。

津波によって流されてきた仏像が大漁を約束させてくれたという、一種の「寄り物」にも通じる捉えかたであるが、津波というものが必ずしも災厄だけをもたらすものではないことを垣間見ることができる。この例も「海に対する等の民俗学的問題」や「心意現象の問題」に通じるが、「津波」というものを、海と人間との関わりかたの一つのありかたとして、今後、捉え直していく必要があると思われる。次の第Ⅱ章の「漁師の自然観・災害観」においては、その一端を述べていきたい。

注

1　川島秀一「津波と伝承―山口弥一郎の『津浪と村』をめぐって―」『講座　東北の歴史』第四巻（清文堂出版、二〇一二年）二一八～二三六頁。なお、講座が発行されたのは二〇一二年であるが、拙文は震災前に書く機会を与えられ、原稿を提出していた。

2　山口弥一郎『津浪と村』（石井正己・川島秀一編、三弥井書店、二〇一一年。初版は恒春閣書房から一九四三年に出版）

3　柳田国男「旅行の進歩および退歩」『青年と学問』（岩波文庫、一九七六年）五三頁。初版は一九二八年、日本青年館から刊行している。

4　柳田国男「三角は飛ぶ」『こども風土記・母の手毬歌』（岩波文庫、一九七六年）二三〇頁。なお、岩波文庫版の「母の手毬歌」の初版は一九五二年のポプラ社刊。

5　井伏鱒二『黒い雨』（新潮文庫、一九七〇年）。なお、初版は、一九六六年に新潮社より刊行された。

6　注2と同じ。一〇〇～一〇一頁

7　注2と同じ。一五～一六頁

8　山口弥一郎「民俗学の応用価値論」『山口弥一郎選集第七巻』、（世界文庫、一九六八年）二二四～二二五頁

9　筆者はこの山口が残された課題を少しでも切り開くべきことを考えて、「魚と海難者を祀

ること」『歴史民俗資料学研究』第十八号（神奈川大学大学院歴史民俗資料学研究科、二〇一三年）二三五～二五六頁（本書Ⅱの三所収）のなかで試みた。

10 注2と同じ。一六九頁

11 一九九七年五月一七日、岩手県釜石市唐丹本郷の千葉敏子媪（大正一二年生まれ）より聞書

12 山口弥一郎「津波常習地三陸海岸地域の集落移動」『諸学紀要』第一一号（亜細亜大学、一九六四年）六八頁

13 注12と同じ。六九頁

14 二〇一一年四月二四日、同年五月二二日、注11の話者より聞書

15 『岩手県昭和震嘯誌』（岩手県、一九三四年）扉頁

16 二〇一二年一一月六日、岩手県釜石市唐丹本郷の千葉サヨ子さん（昭和一六年生まれ）より聞書

Ⅱ　漁師の自然観・災害観

一、海の音の怪

音を声に聞きなす

鹿児島県の沖永良部《おきのえらぶ》島のウジジ浜で、潜り漁師の山畠貞三さん（昭和二〇年生まれ）と一緒に海を見つめながら、ザトウクジラが現れるのをしばらく待っていたときである。ザトウクジラは子どもを連れて島に近づくことが多く、潮を吹いたときに確かめられるが、子どものクジラがピーという音を立てることがあり、そのことでも確かめられるという。長いあいだ、沖永良部島の周囲の沿岸に潜っている漁師さんだからこそ、そのような音がなんであるかということを認識している。

しかし、これが島でイザリと呼ばれる磯漁しか知らない女性たちとなると話は別である。イザリは冬のあいだ、夜間にシオが引くころに磯に下りてミズタコなどを捕る、主に女性たちによって行なわれる漁である。タコのほかにも、チョウチョウウオ・アイゴ・アオゾラスズメなどの熱帯魚やタカラガイなどの貝類も捕る。カーバイトランプを持ってあるいたが、午後九時から一〇時までの宵の口はともかく、一二時からの夜中のイザリは嫌われた。

イザリは満ち潮になると止めるが、あるとき、深夜のイザリの満潮時に奇妙な声が聞こえた。赤子の泣き声のようにも聞こえるし、ご先祖さまの声のようにも聞こえる。あわてて逃げ出して、途中の上がり口で転んで怪我をした女性もいた。「今日は怖かった」と山畠さんに語った人もいたという。山畠さんによると、島でミッチャガイと呼ばれる満潮になると、波が折れる音がするので、その音であろうと言う（注1）。

「音」を「声」に聞きなすことによって恐怖を感じることは、私も体験している。山好きだった若いころ、単独で谷川岳の沢登りを試みたことがある。目ざす頂上は霧に隠れ、さらに霧はゆるやかに下ってきており、陽も暗い。沢を勢いよく流れる水だけがザワザワと大きな音を立てていた。中途からその水の流れる音に人の声が混じり始めた。しまいには、すべて人の声のようにも聞こえ、気持ちが悪くなって、来た道を戻ったことがある。

「船幽霊」出現の音

さて、「船幽霊」の出現を音で表すとしたら、伝承では「艪声《ろごえ》」が多い。瀬戸内海の魚島や愛媛県喜多郡長浜町（現大洲市）で「明かりも見えず、船の姿もないのに、艪声が聞こえる現象を、船幽霊とよぶ」（注2）とある。宮城県の気仙沼地方では、通常の大謀網（定置網）の網船の艪声は「ヨイトコラサ」であるが、「ヨーイヨーイ」と聞こえる場合は、それがボーコン（亡魂）船だという。気仙沼市の五駄鱈《ごだんたら》では、大漁したときでもないのに「唄い込み」の声が聞こえると、それもボーコン船と語った。新潟県の名立《なだち》の鼻（現上越市）では、「舟幽霊の近寄る様子はギャブギャブと人が泳いで来る音がしてソッと現れた」（注3）という。泳いで来る音が人間のものであるかぎり、「艪声」や「唄い込み」と同様に、人間の行為である音や声が恐怖を与えるのである。「船幽霊」ではない怪音としては、長崎県西彼杵《にしそのぎ》郡崎戸《さきと》町（現西海市）の江島あたりでは、五月のモヤの深い晩に漁をしていると、突然岩が大きな音を立てて崩れ落ちるように聞こえるという。次の日、そこへ行って見ても、何も変わったことがない。この妖怪を「石投げん女」と呼び、磯女の仲間だと土地の者が言っている（注4）。

「耳で見る」漁師の伝承

ところで、高知県中土佐町矢伊賀の梶原虎市翁（明治三五年生まれ）は、昭和二一（一九四六）年の南海地震のときに、深夜に沖にいて、山が崩れる音を聞いたという。遠くで鳴る雷の音にも似ていたというが、おそらく岩と岩とが当たる音であろうと考えた虎市翁は「地震」と判断して、急いで家へ戻ったという。

この話をしてくれた息子の梶原慶彦さん（昭和四年生まれ）によると、若きころに、カツオ船に乗っていて、カツオの餌イワシを捕る「イワシすくい」の仕事のときに、先輩たちに「目で見ずに耳で見ろ」と教えられたという。イワシが集まって、エドコ（餌床）になると、一～二畳くらい海面から盛り上がるが、そのときに音がするという。このエドコになったときに、すくいタマ（タモ）を入れるのがコツであった（注5）。

漁師は目だけなく、耳も鋭い感覚をもっており、そうした「耳で見る力」が逆に、海の音にも素早く反応したものと思われる。その音や声が説明可能である場合には「怪しい音」にならずに、あるときは地震や津波などの自然災害として的確に判断する場合もあった。

船幽霊らしきものに出会ったときの対処方法も、列島の各地に伝えられているが、艪の早緒のあいだから覗けば正体がわかるなどという言い伝えも多い。岩手県の釜石地方で「モウレン船」と言われる怪火などは、天眼鏡型メガネを取り出して見ると正体がわかるといった（注6）。いずれも心が動揺したときに冷静さを取り戻すための行為である。

船幽霊の対処方法などは、海難や自然災害を含んだ「災害文化」の根底になる伝承資料といえるのかもしれない。

注1　二〇一三年一二月一九日、鹿児島県和泊町の山畠貞三さん（昭和二〇年生まれ）より聞書
2　佐々木正興「伊豫の妖怪変化」『伊予の民俗』第37号（伊予民俗の会、一九八五年）三一頁
3　『高志路』三巻一一号（新潟県民俗学会、一九三七年）五一頁
4　関山守彌『日本の海の幽霊・妖怪』（中公文庫、二〇〇五年［初版は私家版として一九八二年に発行］）二〇二頁
5　二〇一四年一月四日、高知県中土佐町矢井賀の梶原慶彦さん（昭和四年生まれ）より聞書
6　奥寺正『釜石地方　海のむかし話』（岩手東海新聞社、一九七七年）一一三頁

二、津波と海の民俗

大島の導き地蔵

昭和八（一九三三）年の三陸津波の後、朝日新聞社が集めた義捐金の一部によって、青森県・岩手県・宮城県の被災した各浜々に「津波記念碑」が建立された。

岩手県では、県の方針により津波浸水線に建立させたために、今回の東日本大震災による大津波によって破壊されることは少なかったが、宮城県ではそのような指導がなく、転倒あるいは流失した津波記念碑が多かった。

記念碑だけでなく、津波に関わりのある伝説が付与されていた記念物も同様である。その一例が、宮城県気仙沼市の大島の田中浜の近くにあって、震災前から敬われていた「導き地蔵」である。

震災後、インターネットで「まんが日本昔話」の「みちびき地蔵」のアニメ映像とともに広く話題になったが、もともと導き地蔵には、次のようなことが伝えられていた。

「市内の大島の人が亡くなる前日に白装束に装ってこの地蔵尊を訪ねるということである。何故、訪れるかというと、その霊がこの地蔵尊を訪れ極楽に導いてもらうためだということである」（注1）

さながら「遠野物語拾遺」二六六話の、遠野の「デンデラ野」のようである。遠野の青笹村に死ぬ人があるときは、このデンデラ野を、夜中に、男ならば馬を引いて山歌を歌いながら、女ならばすすり泣きをしたり高声で話をしながら通って行くという（注2）。

ありし日の導き地蔵（94.9.28、千葉勝衛氏撮影）

導き地蔵の場合は、それがデンデラ野のように聴覚ではなく視覚を通して予兆を示すことになるが、ある夜、大勢の男女が白装束を着て現れるのを、たまたま導き地蔵の側を通りかかった母と子が目撃することから話が始まる。翌日、浜辺の潮が引いたことで、村人たちがいっせいに浜に下り、潮干狩りを始めるが、そのときに山のような津波が押し寄せ、多くの者が流され、前日の晩に彼らの姿を導き地蔵の前で目撃した親子の家族などが助かるという筋書きである（注3）。

この話は明治二九年のときの津波のこととしている場合が多いが、明治の津波は夜に来襲したことを考えると、この伝説と齟齬をきたしている。

ところで、導き地蔵には、もう一つの霊験譚が次のように伝えられている。

「この地蔵尊を祭っている家の人が関東大震災の最中に逃げ惑う人たちで大混乱したが、そのなかについて来いという指図をした人がいるので、その人の後を追っていってやっとのことで助かった。御礼を言おうと思ったら、もうすでに姿がなかった。これはいつも祭っている地蔵様のお蔭だと思い、今でも盛んに祭っている」(注4)

おそらく「極楽へ導く」とか「引導を渡す」という意味の「導く」地蔵の意味が不可解になったときに生まれた話だと思われるが、津波や地震などの震災に結びつけて語られやすい、そのような地蔵であったことは間違いない。

東日本大震災後は、津波に引き寄せられて注目されたが、もともとは、翌日に亡くなる者の霊が極楽へと導いてもらいたいために白装束で参詣する姿が見えるという、日常的な民間信仰が基であった。津波によって、それが増幅されて語られ、話として成立しているだけであって、逆にこの日常的な信仰がなかったら生まれなかった話である。

この「導き地蔵」の例のように、津波という事象だけに目を奪われてしまうと、肝心のそれまでの日常生活というものが伝わりにくくなってしまう例が多くある。

本節では、三陸沿岸を襲った明治二九(一八九六)年と昭和八(一九三三)年の二つの津波についての過去の記述を通して、その中に潜む日常性を探ることを主旨としている。

津波の音の表記

はじめに津波襲来時の記述から読んでみたい。ここで採りあげるのは、津波の音である。引用する文献は、三陸沿岸を襲った津波について聞書きをしてあるいた民俗学者の山口弥一郎の『津浪と村』（一九四三）である。

「どこの漁村でも、古老との話はまず津波襲来当時の模様から始まる。ノーン、ノーンと海がなって押し寄せてきたと言うのは実際どんな波の音を形容したものであるか、未経験の私には知悉することは出来ないが、旅で話をノートして歩くと、ある哀愁味を耳底に残す言葉である」（注5）

この「ノーン、ノーン」という音は、いかなる音を形容したものであるか、しばらくわからずにいた。もう一人、三陸沿岸を津波の聞書きしてあるいた作家がいる。吉村昭の『三陸海岸大津波』（一九七〇）では、津波の音（擬音語）ではなく、むしろ津波の形容（擬態語）として同様の言葉が次のように使われている。

「振返ると、まっ黒い大波が、のんのんと押し寄せてきた。あっと思う暇もない。頭上高く波が通過すると同時に波にまきこまれ、製材工場跡へ流された」（注6）

この「ノーンノーン」がどうやら、現在では大砲の音を一般的に表す「ドーンドーン」と同じ音を表記したものではないかと思えたのは、岩手県と秋田県の県境にある岩手町一方井《いっかたい》の遠藤幸吉翁（大正一一年生まれ）から、戊辰戦争の話を聞いたときである。幸吉さんは、ひい婆さんからハシバミとか栗とかを食べさせてもらいながら昔話や彼女の体験譚を聞いたというが、それらの話の中に戊辰戦争の話があった。ひい婆さんは、南部が秋田へ攻め入ったときに、アームストロング砲の音を聞いているが、その音は「ノノーン、ノノーン」という表現であった（注7）。「ノノーン、ノノーン」が大砲の音としたならば、山口が耳にした「ノーン、ノーン」も大砲の音であったような気がする。

明治二九年の大津波の話でも、津波の音を敵艦が撃った大砲の音と間違えて津波に立ち向かっていった話が、次のように記録されている。

「〇海嘯中に突進す　唐桑村字只越の予備歩兵根口万次郎は日清戦争以後は護国の精神益々盛んにして何時敵国来寇するやも計かるべからずと治に居て乱を忘れずとの古事を守り常に其準備をなし居りしが海嘯の当日大船の駛る如き響あるとともに轟然たる大砲の如き音の聞えしよりスワ敵艦来れりと急ぎ用意の軍服を着け剣を提げて海岸に突進するや山なす怒涛に捲き去られて行衛知れず其後浜辺に死骸漂着せしに尚ほ剣を放たざりしと」（注8）

また、昭和八年の津波のときにも、宮城県の気仙沼市の岩井崎灯台に勤務していた「岩井崎県立燈標長」が語ったという、次のような記録がある。

「地震ガ終ッテカラ十五分程シタ頃、潮ガ勢良クヒイテユクノガ見エタ。ソレト殆ンド同時ニ、ダイナマイトノ破裂スルヨウナ音ガ沖ノ方カラ聞エテキタ」（注9）

二〇一一年の東日本大震災のときも、宮城県気仙沼市本吉町前浜の佐藤昭治朗さん（昭和四年生まれ）の話では、津波の襲来時には、ちょうど一九四五年の七月四日と八月九日の二度に渡って釜石が艦砲射撃にあったときのような爆音が聞こえたという（注10）。

「ノーン、ノーン」が「ドーン、ドーン」とすれば、吉村が「のんのんと押し寄せてきた」と記した表現も、津波の音からの影響も大いに考えられるが、「どんどんと押し寄せてきた」という形容であったのかもしれない。

山口が耳にした「ノーン、ノーン」は、けっして「哀愁味を耳底に残す言葉」ではなかった。津波という非常時だからといって、特別な音を形容するわけはなかった。津波の襲来時の表現を検討するときに当たっても、言葉の感覚のような、日常的な表現を無視することができないという、事例の一つである。

唐桑町只越の集団移動

さて、先に引用した資料で、砲撃の音と誤解して津波に立ち向かっていった予備歩兵の根口万次郎が住んでいたのは、気仙沼市唐桑町の只越《ただこし》であった。明治二九年、昭和八年、東日本大震災の大津波と、これまで何度も全滅に近い状況を呈した集落である。

山口弥一郎が『津浪と村』の中で、只越を「分散移動」の集落として採り上げ、分散移動は「集団移動失敗の一変形」であり、「集団移動が集落を一層密居制にするに反して、分散移動は村を疎にする事になる」と捉えた。只越の場合は、「適地を求め得ない為の分散移動」としているが（注11）、実は只越という集落は旧唐桑村と旧小原木村との境界線上に立っているという、そもそも歴史的には複雑な経緯をもった集落であった。

平成一一（一九九九）年に、津波による集落の変化と集落移動について只越を調査した太田史人によると、この集落の場合は困難な事情が多くあったと、次のように述べている。

かつての二つの村の境界には東西に一本の川が流れていた。すなわち、旧小原木村の南側と旧唐桑村の北側を流れている只越川である。明治二九年の津波の後、集落建設により、二つの集落が合併して、只越が生まれることになった。津波後は、只越川の少し北側の高台に、川と並行して道路が造られ、この道路に向き合うように宅地も造成された。しかし、中央に走る道路を境に、北側が旧小原木村に住んでいた家、そして南側が旧唐桑村に住んでいた人が居を構えていたのが、はっきりとわかるという。「旧唐桑村と旧小原木村の境であった只越川がそのままこの道路に移されたかのようである」と太田は述べており、現在も「只越」と「唯越」という二つの表記の地名が残っている理由でもあることを言及している。そして、昭和八年の津波の後は、さらに高台へ移ることが指示されたために、道路脇の家々が、再び離散して山の近くに居を構えることになったという（注12）。山口のいう「分散移動」である。

集落移転に関しては、いかに歴史的な認識というものが不可欠なものであるかということを示すに適切な事例である。それは同時に生活の日常性を無視した、集落移転などの復興計画は、さまざまな困難に向かうことになることと同義であった。

水死体が上げられた浜で行なわれたお施餓鬼。死者と直接的に関わりのない人々も供養に集まる（宮城県気仙沼市唐桑町滝浜、89.12.18）

お施餓鬼とボーコンマケ

最後に、三陸沿岸の人々は、どのような供養の仕方をしてきたのだろうか、ということを述べておく。特に浜々で水死者の供養のときに行なわれるお施餓鬼を中心に見ておきたい。

気仙沼地方では、水死体が上がった場合には、その引き上げた浜でお施餓鬼棚をかく（注13）。海上で水死体を拾った場合は、その上げた浜で、拾った者がお施餓鬼棚をかいた。棚の下には、水をはった盥を置いておくが、一晩置いておくうちに、朝には盥の中に海の砂が見えることがあるという。オホトケ（死体）が夜中に棚の下の水を飲みに上がってくるからという言い伝えがある。

このお施餓鬼棚へ向かって、ムラの住職による読経と人々の供養の参列がある。注意しなければならないことは、この施餓鬼の供養に参列する者は、その死者に関わる身内の人々だけではないことである。とくに自分の身内の中で、海で亡くなった者や行方不明の者がいる場合、過去の彼らの供養のためにも、施餓鬼をかく浜がわかれば、そこに参集する風習がある。気仙沼地方の沿岸部に住む者ならば、ほとんどが身内に海で命を失くしている者を抱えている。少なくとも一世代に一度は津波にも遭っているからである。

なぜ他人の水死体に関わってまで供養しなければならないかといえば、典型的な説明の仕方は、身内に水死者が居る者は、海で命を取られる（身内に引かれる）ことが多いという言い伝えがあるからである。そのために、海に関わる仕事をしている者はなおさら供養を怠ることがなかった。それだけでなく以前は、ボーコンマケと呼んで、代々水死者を出しているような家系の者は、海上でボーコン（船幽霊）に憑かれやすいと伝えられていた。

このボーコンマケという言葉は、気仙沼市唐桑町西舞根の畠山甚ノ助翁（明治二八年生まれ）から、次のように聞いている。彼もまた船幽霊を見たという体験者である。

「俺どこの親父はよく言ったものだが、そこの明戸のね、あそこに大きな高い岩があるんだよ。テッチョ（頂上）の広い岩でね、時化になったとき、そこさモウレン（船幽霊）乗っかけてきて、そうして助かんねで、波かかってね、だんだん自分の船が壊れてしまうんだね。その沖で、俺が若いとき、モウレンが来たんだね。

そんどきオライ（俺家）の親父も漁師だったからね、向かいの□□という奴は七人か八人でメヌケナワ（メヌケの延縄漁）にあるったからね、「あの野郎、ドース（馬鹿野郎）、船沈む。明戸の町、ボウコン（亡魂）居っとこだし」と言った。ボウコンというものに、海で死んだ人の家の者は取られるんでね。ボウコンつものは、誰も彼もその命を取るけんとも、海で取られた（亡くなった）人の家では誰でもだまして取るんだね。海でボウコンに取られた家は、誰か彼か皆、取られてるんだね。そういうもんだっつから、ボウコンついうものね。

　そうしてがらにメヌケ取りに行くどき、オライの親父、「あのドース、□□の野郎、ボウコンに憑かれてからに危ねぇ。ムシロかけて押さえてろ、この船沈むぞ。おっかね奴だ。なんでかんで、あの野郎、ボウコンマケだから」ってね、ボウコンマケって、海で、もと（昔）死んだ家の人、まだどこまでも取られてるんだね」（注14）

　この話の後半には、甚ノ助翁とその父親などが乗った八人の船は、案の定、船幽霊に出くわす。灯りのついた船が近づいてきて、その船と競争し始めるが、明戸沖の岩礁へ向かって進んでいるのを気づいた甚ノ助翁が皆を制して、押し止めることができたという体験譚である。ボウコンマケの者にムシロをかけて船中に隠しておいたにも関わらず、船幽霊が現れたのである。

　注意すべきは、ボウコンが居るという気仙沼市波路上《はじかみ》の明戸《あけど》は、明治二九年の津波で全戸が流され、その後は集落を移転させたところである。そのような津波の被災地に、海で命を取られた者の霊が集まっていると伝えられていたのである。

本節では、津波という非日常的な出来事の中に横たわる日常性のようなものをささやかな事例を通して析出することがねらいであった。津波の襲来時の表現から始まって、高台移転の状況にまで、その日常性が影響を及ぼしている状況を具体的な事例を通して考えてみた。

津波をどのように捉え、津波にどのように向き合うかという姿勢さえ、それは日常的なものであり、それは現実的な生業の世界にも、海に対する信仰的な世界にも、ある一定の考え方があったものと思われる。

以上のように、民俗から捉えられた三陸沿岸の社会と生活とを、まずは前提にして進めないかぎり、物理的な復興は成し得ても、住民に具体的な生活と夢を与えるような復興はできないだろうと思われる。

注1　宮城県鼎が浦高等学校社会斑編「気仙沼・本吉地方の地蔵信仰について」（私家版、一九七七年）二〇頁

2　柳田国男「遠野物語拾遺」（角川文庫、二〇〇四年［初版は『遠野物語　増補版』として郷土研究社から一九三五年に発行された］）二〇〇～二〇一頁

3　この原話は、大島小学校の校長のときに聞書きをしたと思われる小山正平の『黒潮の果て』第一輯（三陸探訪クラブ、一九五八年）三一～三六頁にある。なお、「まんが日本昔話」の「みちびき地蔵」の中では、津波で死ぬことになる牛馬も参詣に来ている様子も放映して

いる。

4　注1と同じ。

5　山口弥一郎『津浪と村』（恒春閣書房、一九四三年）三九頁

6　吉村昭『三陸海岸大津波』（文春文庫、二〇〇四年　［初版は中公新書の『海の壁』として一九七〇年に発行された］）一一二頁

7　一九九六年八月二〇日、岩手町一方井の遠藤幸吉さん（大正一一年生まれ）より聞書

8　臨時増刊『風俗画報　大海嘯被害録』第一一八号（東陽堂、一八九六年）二二頁

9　注6と同じ。九二頁

10　二〇一四年一二月二六日、宮城県気仙沼市本吉町前浜の佐藤昭治朗さん（昭和四年生まれ）より聞書。なお、岩手県陸前高田市只出の及川フヨノさん（大正一二年生まれ）も、昭和三陸津波のときの音は、近くでトンネル工事をしていたので、その発破だと勘違いをしたという（二〇一四年九月二二日聞書）。

11　注5と同じ。一三九〜一四二頁

12　太田史人「津波による集落の変化〜唐桑町只越の事例から〜」『平成十一年度民俗学習Ⅱ文化人類学実習Ⅱ報告書―宮城県本吉郡唐桑町―』（筑波大学民俗学研究室、二〇〇〇年）四八〜五六頁

13　ただし、気仙沼市の大島の浜に上がった場合には、四方を海に囲まれた〈島〉であるという理由により、大島の全世帯から施餓鬼の供養に来るという。

14　一九八八年三月二六日、気仙沼市唐桑町西舞根の畠山甚ノ助翁（明治二八年生まれ）より採録

三、魚と海難者を祀ること

はじめに

東日本大震災による大津波で甚大な被害に遭った宮城県気仙沼市の魚町《さかなまち》では、明日で震災から一年目を迎えようとする二〇一二年三月一〇日の夕刻、長さ二メートルほどの船を二艘作り、気仙沼港からそれらの船を動力船の上に乗せて沖へ流しに行った。それぞれの船の帆柱には提灯と吹き流しが吊るされており、津波で亡くなった者に対する供養であることが知られた。二艘の船を送る人々のなかには、涙を拭っている人たちもいたからである。

かつて魚町では、同じ岸壁から八月一六日の送り盆のときにも、それぞれの家で萱《かや》を用いて小さな盆舟を作り、それに盆棚に上げていたものを乗せて海へ流し、盆に来られたご先祖様をお送りしていた。今では盆舟は一カ所に集められて、海に流すことはしていないが、津波による海難者の供養として、この盆舟の慣習が突然に甦ったかのような出来事であった。

この出来事に限らず、東日本大震災の津波により命を落とした者の供養の方法も、津波以外の海難事故の供養のときと何ら変わりがないことは、さまざまな場面で認められた。二〇一二年九月二三日、宮城県の金華山沖で三重県のカツオ一本釣り船がパナマ船籍の貨物船と衝突し、乗組員二二人のうち九人が救助され、一三人の行方不明者を出したが、三陸沿岸は津波ばかりではなく、海難事故に関しても常習地であった。

本節では、津波に限らず、この海難者をめぐる民俗について広く列島の事例を見回しながら、特に海難者の供養と大漁の伝承に焦点を定めて述べていきたい。先には、海から漂流遺体を拾い、供養することが大漁に結びつくという伝承を扱う。次に、魚と海難者、あるいは魚と人間とを同時に、同じ場所で供養する民俗行事や民俗芸能の事例を列島から拾い上げてみる。さらに、津波に特化して、津波と大漁との関わりを伝える民俗を述べ、そこから、漁労に携わる者の、魚と人間の命との回帰的な生命観を導き出すことをねらいとしている。

漂流遺体を拾うときの作法

海難者を供養することが、大漁につながることを、よく表している伝承に、海上で漂流遺体を拾うときの慣例がある。

三陸沿岸では「オホトケを拾う」という言い方がされるが、その事例の一つを岩手県山田町と宮城県南三陸町からそれぞれ挙げておきたい。

①「流れ仏、海で発見した死体は必ず引き上げるべきものとされ、進行方向に向かって右側から上げて左側からおろすとされている。引き上げるときは「南無阿弥陀仏・上げてやるから漁をさせてくれ」と唱える。遺体に向かって「上げてやるから漁をさせるか」と問いかけ、他の一人が「漁をさせるから上げてくれ」とこたえてから引き上げる。漂流死体は屋内には

入れないで念仏講の人たちが供養するといわれる」（岩手県山田町、注1）

②「水死体を船に上げる時、死人に対して一人が「漁をさせるか、させないか」と問いかけ、他のものが「させる」と答えると、オモカジから船に上げ、胴の間に載せる。または、「漁をさせるなら上げてやるが、授けないなら流す」といい、他の者が「授ける」と答えると、船に上げる。水死体を上げたことを「シビとれた」と表現する。水死体をオモカジから上げる理由は、大漁の時、オフナダマサマに御神酒を供える時はトリカジから船に上がるので、祝い事の場合とは逆にするのだとしている」（宮城県南三陸町志津川荒砥、注2）

いずれの事例も、船員の一人が死者に成り代わって漁船に大漁を約束させた後、船のオモカジ（右舷）から上げていることが特徴である。②の事例で、水死体のことをシビと言い換えているのは、「死人《しびと》」か「死忌《しにび》」と関わる言葉であろうが、同時に魚の「シビ」（マグロ）を指しているだろうことは、後に述べる、海難者と魚との回帰的な生命観を考える上で留めておきたいことの一つである。

漂流遺体のことをシビと言うところは、他にも岩手県久慈市などで伝えられている。ここでは死体のことをエビスとも呼んでいるが（注3）、漂流遺体や水死体に限ってエビスと呼んでいるのが、長崎県の壱岐《いき》の勝本浦などの西日本の沿岸に多い（注4）。水死体が大漁を呼び込むエビスの呼称となっているのである。

収入の部			支出の部		
	摘要	金額	支出先	摘要	金額
供養料	934名	226,400	僧侶3人	光明寺外2	150,000
組合経理ヨリ		41,700	光明寺	佛具代	5,000
			〃	塔婆代	5,000
			長命寺	白黒幕借料	2,000
			崎浜	御詠歌	20,000
			竹ノ下建設	角塔婆	3,500
			白幡電気	臨時灯代	4,400
			白幡輝雄	車代	4,800
			浦之浜部落	御礼	6,000
			村上登夫	船	1,000
			前川外		41,340
			小松青果外	供物他雑費	25,060
計		268,100	計		268,100

海難者施餓鬼法要経費内訳書（1972.7.4）

漂流遺体の供養

漂流遺体を上げてからの供養、あるいは漂流遺体が流れ着いた場合の供養については、前節の「お施餓鬼とボーコンマケ」のところで述べたが、三陸沿岸の場合は、遺体を船から上げた浜、あるいは遺体が流れ着いた浜で、施餓鬼供養を行なう。この場合に供養する海難者とは、その施餓鬼供養の対象である者の霊ばかりではなく、過去の海難者の霊も含んでいる。

たとえば、宮城県気仙沼市の大島漁協の主催で、昭和四七（一九七二）年七月四日に大島の浦ノ浜埋立地で、漁船海形丸七名・事代丸一名・海運丸二名の海難者の施餓鬼法要が行なわれた。そのときの経費の内訳書は上記の表のとおりであるが、供養料として九三四名の記録があり、少なくともこの程度の人々が法要に集まったことがわかる（注5）。昭和四七年の大島全体の世帯数は、一〇四三世帯である。

物故者の親戚等が島外から来たことを割り引いたとしても、島内から七～八割くらいの世帯が、この法要に駆け付けたことが推定される。

この事例でも、海難者との関係を離れて、多くの島民が集まったことが想像されるが、以上のような施餓鬼供養は、単にそれぞれの家での過去における海難者の霊を供養するというねらいばかりではない。それぞれの供養を通して、その家の船の海上安全と大漁を願っていることも事実である。一つの施餓鬼棚を通して、過去の多くの海難者とその関係者とが向き合う構造になる。

さて、この大島の例のように、海難者の身元が判明している場合は遺族が葬儀をとりもち、施餓鬼法要などは漁協が行なうが、もし身元が判明しない場合は、誰が葬儀をとり行なうかというと、それは漂流遺体の拾い主である船主であり、浜で行なう施餓鬼の費用も賄うことがある。遺体のお骨も、拾い主の墓所に入れることが多い。宮城県の志津川町の場合も、「海上で水死体を発見し、身元不明の場合は、無縁ボトケとして船元の家の墓の近くに葬り供養する。寺浜や荒砥には墓地に無縁ボトケを埋葬する一画がある」（注6）という。

静岡県の御前崎市のカツオ船では、漂流遺体の身元が判明した場合であっても、その遺骨を拾い主である船主が譲り受け、船主のお墓の隣に「ムエン様」として祀っている。盆になると、そのムエン様の遺族が供養に来ているという（注7）。これらの事例も、漂流遺体を拾い、それを供養し続けることで、拾い主（船主）の家の安泰、特に大漁の祈願を行なっていると考えてよいであろう。

さらに、このような漂流遺体をムラの神として祀っている例が、沖縄県の池間島にある。池間島のサトゥガン（里神）には、次のような説明がされている。

「里地域におわす守護神を里神という。ウパルズウタキ（大主御嶽・大主神社）に祀る大主ウラセリクタメナウの真主も海の彼方からやってきた神と考えられているが、広義の里神でもある。例えば、フナクスヌカン（船越の神＝中国の神・文化伝来の神）や以下列挙するサトゥガンの多くも漂流・漂着死体（流れ仏）であり、その祟りを恐れた島民が手厚く埋葬し死者の怨霊を鎮めなだめて神格化した神（エビス・荒神・異人＝海上・漁業・商業などの守護神）である」（注8）

以上、漂流遺体の供養に関わる民俗について述べてきたが、御前崎市の事例のように、身元が判明した場合にも「ムエン様」と呼ばれる例が伊豆七島の一つの三宅島にある。ここでは、漂流遺体に限らず、海難者全体をムエンと呼んでいるのである。

浅野久枝によると、「阿古でいう「無縁」とは、第一に、海または海岸で死亡した水難者のことである。身寄りがあっても水死すればすべて「無縁」となり、陸上で事故死または変死をしても「無縁」とはならないのである。つまり「無縁」になるかならないかは、水死かそれ以外かで決定する。「無縁仏」というと身寄りのない死者、どこのだれだかわからない行き倒れの仏さんというイメージが強いが、三宅島では、「無縁」という文字通りの意味とは違う内容である」（注9）という。浅野は、そのためにカタカナ表記のムエンで使い分けをしている。

そして、三宅島では、ムエン供養をすることが大漁につながるということを、次のように述べている。

「ムエン供養をよく行う船は大漁になることが多いと考えられている。「B船は不漁の兆しがあるだけでもムエン供養をするし、大漁のときはかならずお礼にナガシモノをしている。だからB船は漁がある」というように言われる。さきに述べたように、不漁のときだけでなく、大漁のときも、ナガシモノを用意して熱心に供養すれば、また大漁の状態になる」(注10)

ここで述べられているナガシモノとは、海へ流す供物のことであり、具体的にはシンコダンゴ(米粉団子)、線香、コウバナ(樒)、水、菓子、酒、御飯、果物、ハナイリ、ナガシトウバなどのことである。

三宅島では、日常生活のなかにおいても、ムエンを意識した行為がなされ、たとえば「海やヤマ(畑)に弁当を持って仕事に行くとき、食べる前に「ムエンに一口祀る」、つまり弁当の一部を周囲にまいて、ムエンの供養をする」(注11)という。三宅島と同じ伊豆七島の一つである新島の若郷でも、船上で漁師たちが弁当を最初に開いて食べる前に、なかば無意識に、箸でご飯をつまんで海へ投じるのを、私も何回も船上で目撃している。また、沖縄の人たちも、野外で弁当開きをするときには、真っ先にムン(モノ)に施すといって、それぞれの料理を箸先で少しずつ周りに放るという(注12)。

ほとんど日常的にも、海難者の供養と大漁祈願とが関わりがあったことが理解されるが、それでは、翻って考えてみるに、なぜに海難者を供養することが大漁につながるのであろうか。海難者の霊の力によって大漁をもたらしたと考えてもよいのかもしれないが、おそらく、海難者の霊とともに魚の霊のことも組み入れて考えなければならないものと思われる。この列島には、海難者と魚などの海洋生物の霊を同時に同じ場所で供養をするということが行なわれている。次に、列島各地のそのような事例を挙げてみたい。

魚と海難者の同時供養

魚と海難者の霊とを同時に同じ場所で供養をしている民俗行事の事例を二例、魚やクジラなど海洋生物と人間の霊を同時に供養している民俗行事や民俗芸能の事例を数例挙げてみる。

まず、宮城県気仙沼市小々汐という漁村では、毎年の八月一七日に「放生会」が行なわれていた。昭和三五（一九六〇）年のチリ地震津波の後、小々汐のある家の漁船の機械が故障を起こし、小々汐と同じ旧鹿折村にあった「解脱会《げだつかい》」という宗教組織のカミサマ（晴眼の巫女）の指示によって、船の故障が直ったことがあった。それ以来、毎年八月一六日の送り盆のときに「放生会」を行なってきたが、中途から八月一七日に行なわれるようになり、一九九〇年代まで続いていた。以前には村社である鹿折八幡神社の宮司が関わっていたこともあった。

一九九七年八月一七日の行事の様子を記しておくが、先にカツカやタナゴなどの小魚を一匹、バケツの中に生かしておく。次に小々汐の河岸前に出て、盆棚と同様の棚をかく。三段の棚の一

「放生会」の施餓鬼棚に貼られた紙面
（宮城県気仙沼市小々汐、97.8.17）

番上には、棚に向かって中央に「天神地祇大神」、右側に「解脱金剛」、左側に「五智如来」と書かれた紙が位牌のようなものに貼られて飾られている。二段目にローソク台と最中《もなか》などの菓子、お神酒などがあげられている。三段目にもスイカなどの果物とお神酒などがあげられ、棚の下の地面には左右に花瓶に入れた花と魚が入ったバケツとが置かれている。二段目にも紙が貼られたご神体が読めるが、それが注意される。一枚は「天八大竜王」、もう一枚は「為気仙沼海岸水死者・魚貝類　無縁一切之菩提也」と読める。つまり、気仙沼湾内の水死者と魚貝類とが二列に並んで記されている（写真）ように、同時に祀っているのである。

この棚の前に集まってきた小々汐在住の一一名は、火打石で切り火を受けてから、棚を囲んでお経をあげた。その後、一人ずつバケツを持って交代に、少しずつバケツの水を河岸から海へ流していき、最後の者が魚と一緒に残りの水をあけてしまう。以前は千体地蔵のお札も流したものだという（注13）。

次の事例は、三重県尾鷲市須賀利《すがり》にある普済寺《ふさいじ》と漁協が関わる正月行事である「石経《いしぎょう》」と呼ばれる供養であり、毎年一月一五日過ぎに行なわれている。

普済寺の牧野明徳住職（昭和九年生まれ）によると、この石経は、寛永元（一六二四）年から、一度の中断があっただけで、毎年欠かさず行なわれてきたという。中断したのは、第二次世界大戦中の昭和一八年から戦後の昭和二一年までの四年間で、二二年から再開している。

行事の中心は、般若心経と観音経の文字を、一つの石の表裏に一字ずつ書いておき、それを海に納めることであるが、須賀利でカイドウ（海道）と呼ばれる魚の通り道に沿って船を動かし、一石ずつ投じるというから、魚を供養することで、当年の大漁を願うのがねらいである。

一〇年前までは、船はモトスガリという浜の、沖合二〇メートル近くまで行き、そこからベラ船と呼ばれる手漕ぎ船で、釜などの炊事道具を持ってモトスガリに上陸したという。その浜でアジなどを入れた味噌汁を作り、酒やビールを飲みながら、一時間くらい休憩をしたというが、今は魚汁を作る手伝い人が少なくなったので、これは止めている。モトスガリとは、以前に須賀利の者たちが住んでいたところであり、そこから現在地に移住をしたという。

二〇〇八年一月一六日の行事の様子を記しておくが、石経を行なう漁船には、般若心経を転読する牧野住職と、鉦を鳴らすもう一人の住職、それに石経を投じる須賀利漁協の谷口昇組合長、ほかに太鼓を打つ者など六名が乗船した。須賀利の魚市場から出発した漁船は早速、太鼓を打ち、鉦を鳴らし、経を唱え始めた。

カイドウに沿って船が進むうち、組合長も何かを唱えながら石を一個一個、投じ始めた。とき

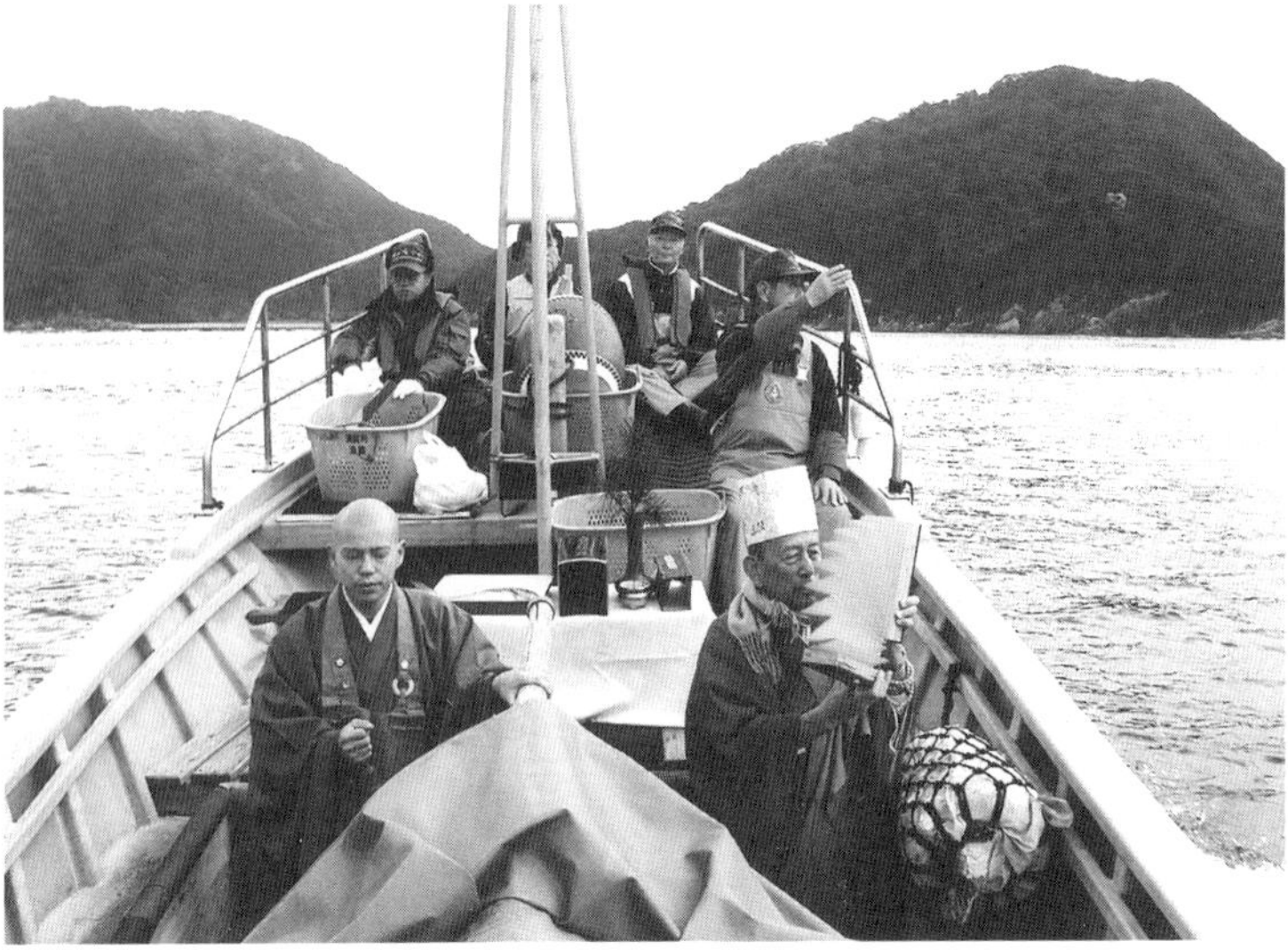

魚道に沿って住職は般若心経の転読を行ない、後ろの漁業組合長は約七百個の石経を海に放り込む（三重県尾鷲市須賀利、08.1.16）

どきは、組合長が紙のお札に石を包んで海に投じるが、この場合は投げ上げることはしないで、静かに船端から沈めた。

須賀利湾から外洋に出ると、途中で、須賀利の漁師が亡くなった場所で船を止め、ここではミカンも投じて全員が手を合わせて拝んだ。須賀利の者が知っているかぎりの海難場所で船を止めるが、次頁の図のようにセト・ソトのクラモト・イケジリ・ベロジマ・オトシと呼ばれる、五カ所であった（注14）。須賀利の「石経」においても、魚と海難者を同時に供養しているのである。

「放生会」にしろ「石経」にしろ、各地の漁村で同名の供養の行事を行なっていると思われる。とくに海難者に限らず、魚や海洋生物と人間とを同時に供養する

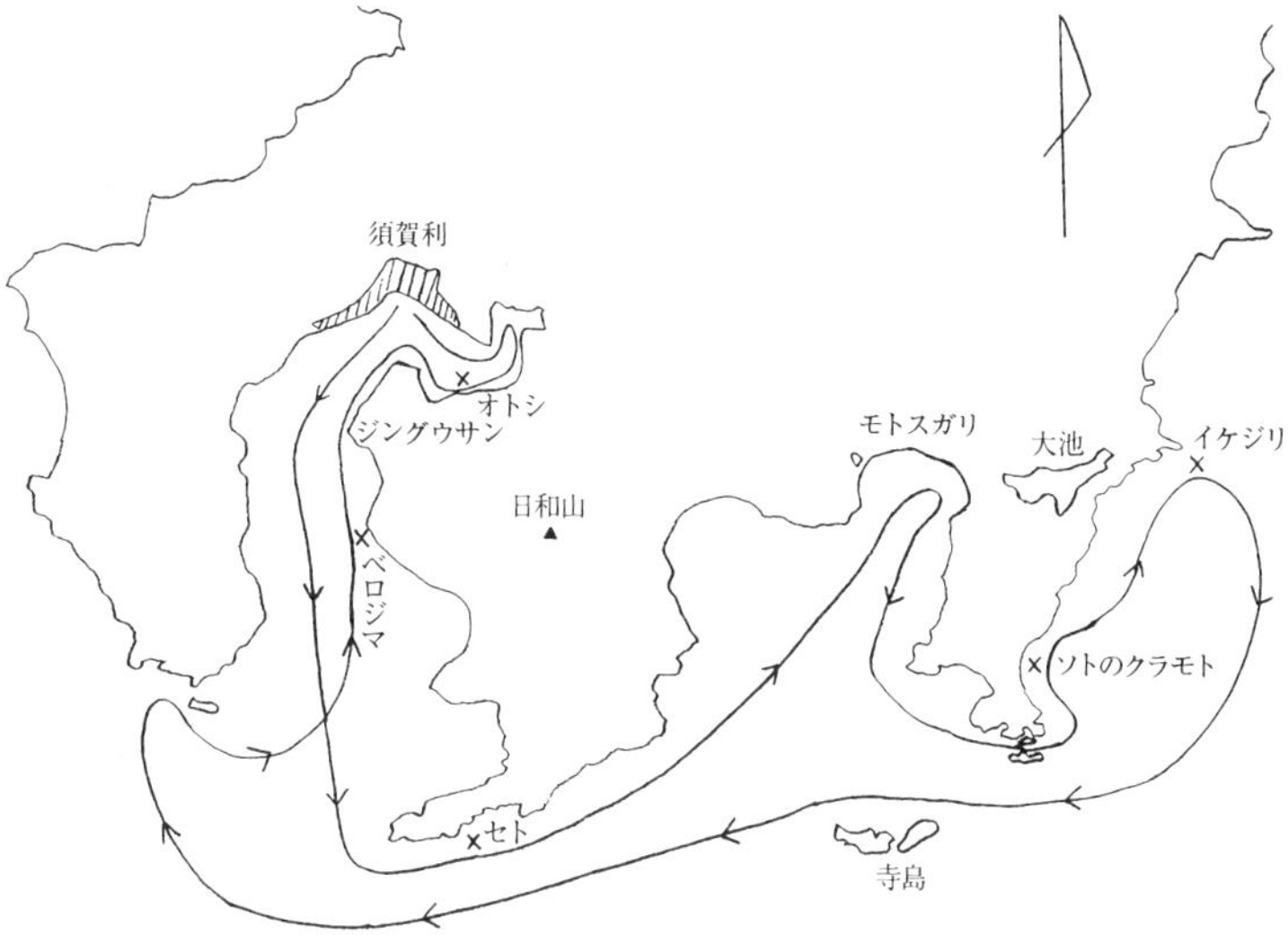

石経の船の航路と供養の箇所（×印）

行事は、枚挙のいとまがないほど多いであろう。

たとえば、山口県長門市の青海島《おうみじま》の通《かよい》は近世から明治時代にかけて捕鯨で栄えた村であるが、通の向岸寺では春には必ず「鯨回向法要」の行事を行なっている。この法要の最後に、拝殿に掲げられた塔婆の回向が行なわれるが、この塔婆には、通漁業定置組合による「鯨鯢群霊・魚鱗群霊」と書かれた塔婆のほかに、向岸寺仏教婦人会による「婦人会先亡諸々霊」と「鯨鯢群霊」が並列して書かれた塔婆が上げられている。向岸寺の拝殿に集まっていた女性たちが、口々に経を唱えながら、身を乗り出して両手を合わせるのはこの時間である（注15）。

「鯨回向法要」とは、クジラのみを取り出して供養するわけではなく、現在でも捕

向岸寺の「鯨回向法要」に集まった通の婦人たち
（山口県長門市通、03.5.18）

り続けている魚類一般と、そのクジラや魚類を食べ続けてきた先祖たちも供養する行事であった。特に向岸寺仏教婦人会の場合は、それまでに亡くなった婦人会の先輩たちを供養している。つまり、人間の側からのみクジラを憐れんでいるのではなく、クジラも人間も等しく供養の対象となっているのである。

現在の捕鯨の基地である和歌山県太地町や宮城県石巻市牡鹿町鮎川でも、盆における寺の供養ではクジラも人間もその対象になる。太地町では東明寺の施餓鬼棚に「魚鯨貝鱗之霊」とともに、とくに第二次世界大戦での戦死者を祀っている（注16）。鮎川では、盆中に鮎川漁港を会場に観音寺主催でクジラの供養を行なっているが、クジラだけでなく、戦没者や捕鯨船で遭難した船員の位牌をも施餓鬼棚の上に並べて、クジラとともに供養している（注17）。また、三重県南伊勢町の奈屋浦の水産会社では、一九七一年から朝熊山の金剛證寺に「魚類一切精霊供養塔」の塔婆を奉納しているが、奥の院にはその塔婆が人間の塔婆と

盆の鯨供養の施餓鬼棚に立てられた位牌（宮城県石巻市牡鹿町鮎川、05.8.20）

【四段目の位牌】

大洋漁業殉難諸氏之霊
第三東洋丸遭難諸氏之霊位
當山累代先師尊霊
三界萬霊
當山壇越一切精霊
アウアロン丸殉難諸氏之霊位
丸良丸物故諸々霊位
戦没英霊不生位

【三段目の位牌】

八龍漁業殉難諸氏の霊位
戦災死精霊位
第一大和丸乗組諸氏之霊
鯨類諸精霊塔
日本捕鯨々霊供羪塔
諸鯨霊供羪塔
日本捕鯨殉難諸氏之霊位

※一段目は花と線香台、二段目は菓子、スイカ、ロウソク台を供えている。

金剛證寺の奥の院に納められた「魚類一切精霊供養塔」と書かれた塔婆。人間の塔婆と隣り合わせに立てられている（12.11.12）

並んで立っている（注18）。

さらに、魚と人間を同時に供養することは、各地の民俗芸能を通じても見られる。とくに念仏踊り系統の供養の芸能には、この傾向が強い。

たとえば、高知県室戸市は今でこそマグロ船の基地であるが、昭和三〇年代までは近海カツオ漁も続けていた。国の無形民俗文化財の「シットロト踊り」は、そのカツオ漁の「夏枯れ」のころの旧暦六月一〇日、エビス神社の祭りに、カツオの供養と漁招きとを兼ねて漁師たちが踊ったことに始まるという。

「シットロト」という言葉の意味はわからず、踊りのときにかぶる蓑笠や、昔は手に持って踊ったという、色紙を付けた棒のことを「シトロ」と呼んだとも言われる。蓑笠には色とりどりの小さなサルの人形が一面にぶら下がっているが、かつては小さな幟旗（大漁旗）を笠に挿し、紙製の魚などをつるしたという。

シットロト踊りは室戸市奈良師の三蔵という漁師が江戸時代に創始したというが、カツオ漁の衰微とともに長いあいだ中絶していた。それを、発動機漁船の出現と、室戸岬の沖に、後に「大正磯」と名付けられるカツオの漁場を発見したことによって、大正二（一九一三）年に再び、室戸漁協が中心となって復活することになった芸能である。昔は踊り手の男たちは、皆、女性のユカタを借りて、これを着て踊ったものだという。

また、カツオ一本釣り漁とマグロ延縄漁とを、同じ船で操業していたころには、「シットロト踊り」の季節は、ちょうどカツオ漁からマグロ漁への切り替えのときであった。室戸の船主たちが競って踊り手を出し合った。昭和三〇年代後半には、船が一〇〇艘くらいあったので、シットロト踊りが船主の家を軒ごと踊りあるくと、朝の一時半ころから夜の一一時ころまで一日かかったという。このシットロト踊りの当番をすると漁が当たるともいわれた。

現在の「シットロト踊り」では、朝の四時ころから元のエビスさんの前から踊り始め、途中の三一カ所を回って、町中の後免《ごめん》のエビスさんで終えるのが、夕方の六時ころである。もともとは奈良師だけの踊りであったものが、室戸中を回りあるく門付け芸のようになったわけである。

音頭一名、太鼓打ち一名、鉦たたき一名を入れた総勢二七名（二〇〇三年）で、二重も三重も丸い輪になって踊られ、鹿踊と同様に踊念仏の流れを組んだ芸能のように思われる。

ところが、このカツオの供養と漁招きの芸能の最中でも、この一年間に亡くなった踊り手の仲間の家の前に来ると、家の中から遺影を譲り受け、遺影を手に持って踊っている（注19）。カツオと人間の供養を同時に行なっているわけである。

シットロト踊りでは魚と人間が同時に供養される（高知県室戸市奈良師、03.7.9）

もう一つの事例である宮城県気仙沼市早稲谷《わせや》の鹿踊の巡業は、旧暦七月一五日から八月初めまでの旧盆のころであった。一軒に付き、踊りが二〇分から三〇分はかかったというが、遠くは唐桑や大谷の浜まで一二、三人で出かけた。途中の宿はシンルイやシンセキを頼っての巡業であった。

そのような浜に行ったときに、よく演じることがあったのが「カツオ釣り」という演目である。鹿が背負うササラをカツオの釣竿に見立てた踊りで、一列に並んだササラがいっせいに地面をたたくばかりに前に撓《たわ》み、すぐに上げる様子が、船上のカツオ釣りに近似している芸能である。

鹿踊は岩手県の「鬼剣舞」とともに、踊念仏の系統の「供養」の踊りである。鹿踊の「カツオ釣り」は、盆中の門付けで、唐桑などの漁家の庭先で踊られたものだった。盆中の門付けは、主に新仏の家を回ったもので、庭先に立てられている高灯籠の「灯籠拝み」のときに、高灯籠の上げ下ろしをするのは、鹿踊の「化け坊主」と呼ばれる道化の役割だったという（注20）。

盆のころのカツオ漁は、ちょうど、これから秋のデキヨウに入る時期であった。つまり、現在よく言われる「戻りガツオ」の時期で、カツオがそれまでより深い海底を移動するために、生き餌を撒いて、水面近くにおびき寄せなければならなくなる季節である。このことをデキヨウと呼んだ。

その秋のカツオ漁を前にして、盆に踊られる「カツオ釣り」踊りは、一種の予祝芸にも相当するものであった。つまり、その後の大漁を招く踊りである。さらに、それと同時に、その時期までのカツオに対する供養の踊りであったことも考えられる。鹿踊そのものが、人間の供養の踊りであったからである。

以上のように、魚と海難者を含む人間を同時間と同じ場所で供養する事例を列挙してきた。次には、魚の命と人間の命とは、相互に交換できるものと考えてきたらしいことを、津波という海難の極致とも思われる災害の伝承を通して、捉え直してみたい。

津波と大漁

宮城県気仙沼市では、震災の年も含めて、二〇年も連続して生鮮カツオの水揚げ日本一を記録し続けている。その気仙沼市も含まれる三陸沿岸では、以前から津波と大漁に関する、次のような言い伝えがあった。

岩手県大船渡市の三陸町で「イワシで殺され、イカで生かされた」と表現されている伝承は、明治二九（一八九六）年の大津波でも、昭和八（一九三三）年の津波でも、津波前にはイワシが豊漁で、津波後はイカが大漁であったという言い伝えである（注21）。

また、昭和八年の三陸津波の後に報告された『宮城県昭和震嘯誌』（一九三五）にも、「震嘯発生の前兆」の「水産生物の異変」として、イワシは「安政三年、明治二十九年とともに大漁續き、今回は、昭和七年十月ころより昭和八年二月迄大漁あり」と記されている。昭和八年の津波は三月三日であることから、襲来するギリギリまで、イワシの豊漁であったことが知られる。一方でイカの方は、「明治二十九年、昭和八年兩度共、海嘯後稀なる豊漁あり」とあり、「仍《よっ》て、「三陸地方」に、「いわしで倒され、いかで活き返る。」の俚諺あり」と記されている（注22）。

この言い伝えに対して何かしらの科学的な説明ができるのかもしれないが、大漁の後の大津波を受けた者たちや、あるいは津波後に大漁に見舞われた者たちにとっては、それは魚や海洋生物の命と人間の命との互換関係と感じられたのかもしれない。つまり、津波で亡くなった者たちや海に浚われた行方不明の者たちが、海の生物に生まれ変わって遺族を生かしてくれるという伝承であり、逆に津波前のイワシの大漁はその逆で、大漁を与えたのだから、その魚の命と引き換えに、人間の命が失われたのだという考え方であった。つまり、津波と大漁に関する伝承は、現実にそのようなことがあったにせよ、あくまでフォークロアの問題として捉えなければならないものと思われる。

三陸沿岸では、津波前に大漁であった話はよく目に触れ、耳にすることができる。たとえば、明治二九年の三陸大津波では、岩手県普代村の太田名部《おおたなべ》で死者一九六人のうち男四三名、女一五三名と男性の犠牲者が極端に少なかった。その理由は、津波の前、岩手県沿岸ではマグロ・イワシ・サバなどが異常なほど大漁だったため、魚を追って沖で漁をしていたためだったという（注23）。また、岩手県釜石市の唐丹本郷では、昭和八年三月三日の津波の「前日は鰮粕《いわしかす》をたくさん煮て筵に干し、湯に入って休んだ」という。「夜の十一時ころ雪が降ってきたらしいので、外に拡げておいた粕をどうしようかと考えたが何せ三百枚分もあったから、家内中起き出て、その取り片附けの仕事をした」（注24）そうである。

また、津波と大漁の伝承は、三陸沿岸にかぎらず聞くことができる。三重県大紀町の錦《にしき》は、昭和一九（一九四四）年一二月七日の東南海地震津波で六四名の死者を出した町である。錦の西村菊二さん（大正一五年生まれ）のお話では、津波の前日はカマスの大漁だったという。大漁をしたので小金を持ってしまい、その小金を取りに家に戻った人が流された。昭和三五（一九六〇）年のチリ地震津波のときにも、錦ではシビ（マグロ）の大漁が続いていたという（注25）。列島の全体にわたって、津波の前兆として「大漁」を語る漁師さんは多いのである。

津波の後の大漁の話も多い。岩手県大槌町安渡《あんど》出身の阿部幹男は、明治五（一八七二）年生まれの祖父から、津波について次のようなことを語られていたという。

「いいか、覚えておけ。おまえは生きている内に必ず大津浪に二回遭う。地震が大きくても小さくても油断するな。浜の方に耳をたてろ。夜中地震があったら綿入をはおり、『津浪だ』

と浜から声が聞こえたら黙って一目散にお宮の境内に駆け上って海を見つめろ。もし家が流されたら畑に掘立小屋を立てて浜に出ろ。必ず浜は大漁だ！」（注26）
津波に遭ってもなお、海に寄せる信頼感が漲っている表現であるが、このような考え方は、東日本大震災後の漁師さんたちの発言からもうかがわれた。宮城県石巻市北上町大指《おおざし》の養殖業を営む方からは、「津波で亡くなった人には悪いけど、海からはそれ以上の恩恵を受けているので、この仕事は止めません」と語るのを聞いた。同市牡鹿町谷川浜のある漁師は、「海に財産を全部取られたのだから、今度はそれを海から取り返せばいい」と豪語していた。同県南三陸町歌津の漁師さんは「俺には太平洋銀行があるから」と語っている。以上のような考え方の根底にあるのも、海洋生物の命と人間の命が入れ替わるという考え方であろうと思われる。
宮城県気仙沼市唐桑町鮪立の浜田徳之翁（明治三四年生まれ）によると、「海で亡くなった者はガニッコ（蟹）に成る」と言われ、船上から食べ物の残り物を海へ投じるときや、盆やお彼岸のオホトケ送りの日に供物を海に納めるときに、「ガニッコに上げ申す」と語ったという（注27）。
また、明治二九年の三陸大津波の後に出された『風俗画報』によると、津波で亡くなった遺体を海から引き上げたところ、体じゅうにガゼ（ウニ）が付いていたという。津波で行方不明の身内の体を魚たちが食べているかもしれないという理由で漁師を止めたという話も載っている（注28）。この例などは、津波の後は大漁だからと前向きに考える漁師とは対照的であるが、基底にある考え方は一致していると思われる。

回帰的な生命観

以上のような、海洋生物の命と人間の命の交換関係については、沖縄県の宮古島における、次のような津波をめぐる伝承の中にも見出すことができる。

「年号はいつごろだったか、言えないんだけどもね、津波が宮古の方に押し寄せてくるというのをその時にもう気づいてね、爺さんが神様にお祈りしてね、「どうぞ宮古のここには津波を寄越さないで下さい。そのかわり、毎年人魚をお祭りします。」というお祈りをやったそうだ。そうすると本当に津波がね、こう一応は島には上がり始めたらしいんだけど津波にならんで引いたらしい。それで、その時にこの宮古の海岸あたりには畑の真ん中に大きな平たいこんな岩があると聞いたね。これは昔の津波がこんなに持ってきてあそこに残して潮が引いたから、そのまま置き去りにしておるとか。また、与那覇部落でも海岸ばたになんかに海岸の奥の陸の方に溝みたいなところがあるんだよ。この津波がこうびゃっと押し寄せて来た跡だという。それで、この神様のお祭りに人魚をお祭りするとお祈りしたのはね、死んだ人を魚に例えているから、もう死んだ人というわけ。今も毎年、そのお祭りの日には、もう部落内でもう誰かが死ぬとその魚だという伝えがあるさ。死んで流れついた人の墓は、イーヌープーと普通はいう。そのお祈りした人の本家には今日まで御願所があって、ちゃんとそれを家庭で拝んでいて、部落でもその日には線香だとか、線香はもうめんどくさいと皆纏めて向こうの方で、お米をもう一度洗って、水切ってから持って行って神様に供えて、みんなの分だからというふうに神様に報告してお祈りするらしい」（注29）

話者は沖縄県宮古島市下地町与那覇の太田恵勝さん（大正一二年生まれ）で、平成九（一九九七）年九月一七日の採録であり、与那覇の「イーヌ御嶽」の説明として語られている。この話のなかで、津波除けの儀礼に「人魚」を上げるわけだが、その人魚に見立てられているのは、「死んだ人を魚に例えている」とか「部落内でもう誰かが死ぬとその魚だという伝えがある」といわれるように、集落内の死者である。この先島諸島においても、人間と魚の命とを交換して考えるという生命観が伝わっていたのである。

ただ、この聞書き資料だけではわかりにくいので、その後の追調査によって明らかになったことをとおして整理しておきたい。話者の太田恵勝さんによると、津波除けの祈りを行なった「爺さん」とは、現在の平良恵辰さん（昭和八年生まれ）の家の何代か前の先祖である。平良さんによると、その「爺さん」の名前はわからないが、位牌は残っているという。平良さんが祖母から聞いていた話では、どうやらその津波とは明和八（一七七一）年の大津波のことであったらしい。その「爺さん」は屋根の上から手を合わせて、この集落だけは津波が来ないようにと神様に祈った。その代わりに毎年ヒトザカナ（人魚）を捧げますからと願ったところ、津波が除けていったという。人魚のことをヒトザカナと呼んでいることがわかるが、さらに「ヒトを刺身にして上げるからと祈った」と、より具体的な表現で平良さんは語っている。

先の採録資料の中で「イーヌープー」と記されているのは、平良家の屋号名である「イリ（西）」の祭りという意味の「イリヌプーズ」のことである。毎年の三月・五月・七月の三度、約三〇〇メートルごとに離れている七つの御嶽を、平良家の親戚のおばあさんたちが洗い米・塩・線香・御飯・オカズなどを持って回ってあるく家の行事のことである。この行事がヒトザカナを上げる行事であったと思われる（注30）。

津波除けの祈願をした先祖の位牌を祀る
イーヌープーの日（14.4.29）

同様の魚と人間をめぐる儀礼は、静岡県東伊豆町稲取のハンマアサマにも見られる。稲取のハンマアサマは毎年の九月八～九日に行なわれる。国記録選択無形民俗文化財でもあるが、その調査報告書には、これまでの文献資料が三〇点も掲載されている（注31）。ここでは、その中で一番新しい資料を引用しておく。

「稲取のハンマアサマは、県内では稲取だけに伝承される大漁祈願の要素をもつ行事で、浜万年青《はまおもと》の葉を人形や烏賊《イカ》、秋刀魚《サンマ》などの姿に切り抜いたものを作り、海に流す行事である。また、災厄を人形に付けて流す禊祓《みそぎはらえ》の意味もあるとも考えられている。稲取では浜万年青をハンマアサマといい、行事の名称が同時に行事に使う材料の名前にもなっている。この行事には次のような伝説が伝えられている。昔、筏に乗って流れ着いた七人の侍の死体に、烏賊と秋刀魚を寄せてくれればねんごろに葬ると約束して、海岸そばの小高い所に葬ったところ、烏賊と秋刀魚の豊漁続きになった。それ以来、大漁祈願と七人の侍の供養のため、浜万年青の葉で人形と烏賊と秋刀魚の姿を切り抜いて祀り、海に流すのだというものである。

ハンマアサマは八日の昼ごろ、浜万年青の葉で、人形と烏賊、秋刀魚を作ることから始まる。人形は緑の部分で作る。葉を三角に切って左前になるようにたたみ、これに四角形に切った小さな浜万年青の葉に松葉をさして作った刀をさして人形を作る。さらに浜万年青の葉の白い部分で烏賊と秋刀魚の姿を作る。人形の数は五体とも七体とも、あるいは家族の数だけ作るともいい、烏賊と秋刀魚の数も家によって違うといわれている。また最近では金目鯛漁が盛んなこともあり、烏賊、秋刀魚のほかに金目鯛も作っている家もある。

こうして作った人形と烏賊と秋刀魚などを盆に載せ、家の床の間に一晩供えておき、翌九日の昼から夕方にかけて外海に面した海岸に流しに行く。盆に載せて海まで持っていくと、まず人形を一体ずつ流し、続いて秋刀魚と烏賊を流す。かつては「秋刀魚と烏賊といっぱい来てくだっしぇーよ」などといいながら流していたともいわれている。この行事は、かつては多くの家で行なわれていたが、現在では漁師の家だけが行なう行事となっており、行なう家も少なくなってきている」（注32）

この報告があった二〇〇六年から六年を過ぎた稲取のハンマアサマは、民俗行事としては希薄で、現在は「稲取ふるさと学級」が中心となって、お年寄りから子どもたちへ伝え続けている。二〇一二年九月九日の調査では、行事の道具であるハマユウ（浜万年青）も稲取の浜にはなく、他の浜から採ってきて用いている。

行事の内容には変化ないが、侍の人形の衣装を左前にするのは死装束を意味しているという。侍の人形も魚も青い葉だけで作っている。死者と魚の姿を作って海へ流すわけである。流す場所はウガミ（拝み場）というところである。ジュウゴンサン（龍宮様）の建つ岬の下であり、七人の侍を葬ったところとも伝えられ、無縁様の供養塔も建っている。この岬のあたりにも「土左衛門」（漂流遺体）が流れ着くことが多いという（注33）。「稲取ふるさと学級」の生徒たちは、この無縁様の供養塔の前で拝んでから、お盆に乗せたハマユウの人形と魚の型とを海に流すために海岸に下りて行く。以前から子どもたちの行事であ

海辺から人形や魚の型を流す（12.9.9）

り、これらを海に流すときは、エンエンと声を上げて泣く真似をしながら、悲しみの心を表したものだという。流す対象は、あくまで死者と死んだ魚であった（注34）。

ハンマアサマの由来伝承の中にも、侍の遺体を上げるときに大漁祈願をしたという、先に述べた、漂流遺体を拾うときの作法に準じた話が組み込まれている。ただ、稲取では、さらにその由来譚を再現するように、侍の人形と、遺体を拾ってから豊漁になったというイカとサンマの形をしたものを海に流すことで、毎年の大漁を祈願する行事となっている。

ここでも魚と海難者とを同時に供養することで、大漁を願っていることがわかる。あるいは、海難者と魚の命とは入れ替え可能であり、「秋刀魚と烏賊といっぱい来てくだっしぇーよ」と言いながら流すように、生きた魚に戻ってくるような回帰的な生命観も感じられる。

おわりに

以上のように、魚と人間の同時供養を列島の各地の事例を拾い集めながら、その様相を叙述してきた。とくに、海難者の場合には大漁祈願と重なって供養される場合が多く、津波による水死者についても、同様の考え方が基底にあったろうことを述べてきた。ただし、海難者とそれ以外の理由で亡くなった死者、そして津波による被災者（水死者）との供養では、それぞれの魚の供養や大漁の伝承との関わりが微妙に相違している。

海難者の場合は、その供養と大漁への願いは一体化しており、とくに漂流遺体を拾った者やお施餓鬼に参加する者にとっては、供養する者の漁船に対して個人的に願っていることが明らかである。気仙沼市小々汐や尾鷲市須賀利の事例のように、同族や集落単位で海上安全や大漁を願う場合もある。ところが、海難者以外の死者と魚を供養する場合は、明らかなかたちで大漁につなげるような儀礼は見当たらない。一年に一度、婦人会や芸能団体における組織において、その中での死者を魚の供養とともに祀る場合が多い。その中でも盆の施餓鬼棚に海難者や戦没者の位牌を置いて供養をしていることが注意される。盆中には終戦記念日とも重なり、第二次世界大戦の戦没者を思い出しやすい時期でもあるが、海難者と戦没者とに通じる意識も見逃すことができないだろう。さらに、津波で亡くなった場合の供養も、それが大漁祈願に直結するようなことはない。ただし、津波と大漁との伝承に見られるように、家単位でも集落単位でもなく、ただ自然の摂理のようなものとして、被災者の命と魚の命の関わりを捉えているにすぎない。基底に流れているものは、海難者の供養と大漁との関わりと共通していると思われる。これらの違いを構造的に明らかにできなかったことは、今後の課題として残しておきたい。

さらに、津波と大漁との関わりについては、魚と人間の生命との互換関係だけで説明できるわけではない。津波で近親者を亡くした者は、その死者がさまざまなかたちで、生き残った者に幸福を与えてくれていると思わないかぎり、近親者を失った者の心は救われることはないだろう。津波の後の大漁はその一つの表現であったように思われるのである。

注

1　山田町史編纂委員会編『山田町史　上巻』（山田町教育委員会、一九八六年）七五六頁

2　志津川町誌編さん室編『生活の歓　志津川町誌Ⅱ』（志津川町、一九八九年）一四四頁

3　岩手県教育委員会編『久慈市の民俗』（岩手県教育委員会、一九七四年）七三頁

4　波平恵美子「水死体をエビスとして祀る信仰―その意味と解釈」『ケガレの構造』（青土社、一九八四年）一三三～一九一頁

5　宮城県気仙沼市の大島漁協所蔵文書より表を作成

6　注2と同じ。五七四頁

7　二〇一二年二月四日、静岡県牧之原市相良の西川春夫さん（昭和一八年生まれ）より聞書

8　伊良波盛男『池間民俗語彙の世界―宮古・池間島の神観念』（ボーダーインク、二〇〇四年）三〇～三一頁

9　浅野久枝「三宅島の漁業と信仰―無縁供養と漁業信仰をめぐって―」『海と列島文化　第7巻黒潮の道』（小学館、一九九一年）五六二頁

10　注9と同じ。五六六頁

11　注9と同じ。五六八頁

12　斎藤たま『箸の民俗誌』（論創社、二〇一〇年）八八頁

13　一九九七年八月一七日、宮城県気仙沼市小々汐にて調査

14　二〇〇八年一月一六日、三重県尾鷲市須賀利にて調査

15　二〇〇三年五月一八日、山口県長門市通の向岸寺にて調査

16　二〇〇五年八月一三日、和歌山県太地町の東明寺にて調査

17　二〇〇五年八月二〇日、宮城県石巻市牡鹿町鮎川にて調査

18　寺田喜朗「浦村における魚供養の生成と定着―南伊勢町奈屋浦の変遷と漁撈習俗」『大正

大学大学院研究論集』第三五号（大正大学、二〇一一年）二二九～二四四頁

19　二〇〇三年七月九日、高知県室戸市奈良師にて調査

20　一九九二年七月二三日、宮城県気仙沼市早稲谷の菅原亀治郎さん（大正四年生まれ）より聞書

21　『三陸町史』第四巻津波編（三陸町史刊行委員会、一九八九年）一三七頁

22　『宮城県昭和震嘯誌』（宮城県、一九三五年）六頁

23　『太田名部物語―この地に生きたすべての人に―』（太田名部物語をつくる会、二〇〇六年）一〇九頁

24　山口弥一郎『津浪と村』（石井正己・川島秀一編、三弥井書店、二〇一一年。初版は恒春閣書房から一九四三年に出版）六二頁

25　二〇一一年七月二五日、三重県大紀町錦の西村菊一さん（大正一五年生まれ）より聞書

26　阿部幹男「慙愧の思い」石井正己編『震災と語り』（三弥井書店、二〇一二年）一一八頁

27　一九八四年四月七日、宮城県気仙沼市唐桑町の鮪立の浜田徳之翁（明治三四年生まれ）より聞書

28　臨時増刊『風俗画報　大海嘯被害録』第一一八号（東陽堂、一八九六年）三〇頁

29　遠藤庄治「宮古・八重山の津波伝承」後藤明編『台湾・フィリピン・八重山地方における海洋伝承の比較研究―オーストロネシア系基層文化の追及―』（私家版、二〇〇七年）一三三頁

30　二〇一二年八月五日、沖縄県宮古島市下地町与那覇の平良恵辰さん（昭和八年生まれ）より聞書。二〇一四年四月二九日には、実際に同地にて「イリヌプーズ」の行事を拝見した。

31　静岡県教育委員会文化課編『稲取のハンマアサマ』（静岡県教育委員会、一〇〇九年）

32　菊池健策「稲取のハンマアサマ」『日本の祭り文化事典』（東京堂、二〇〇六年）四三二頁
33　注31と同じ。二九頁
34　二〇一二年九月九日、静岡県東伊豆町稲取にて調査

四、災害伝承と自然観

はじめに

東日本大震災（二〇一一年）の後、多くの研究分野がそうであったように、口承文芸研究にも顕著な動向がうかがわれた。一つの大きな流れとしては、この震災によって生じた津波や原発事故などの非日常的な出来事を語り継ごうとする動きに対するさまざまな関わりである。その語りの場を設定したり、記録集を編んだりした流れである。もう一つは、災害伝説などの口承文芸にかぎらず、災害の言い伝え、諺や警句、過去の災害記録や記念碑の類を見直していく動きである。いささか牽強付会の面もあるが、「災害地名」などを採り上げる動きなども、地名伝説に関わる意味では、口承文芸の研究動向の一つであったであろう（注1）。

これらの研究動向は、むろん今後に列島で起こるであろう自然災害に対する「防災」という観点から出発し、大きな牽引力になっていることは事実であり、その実践的な価値もあろう。しかし、本節においては、自然災害に関わるさまざまな媒体の伝承を扱いながら、災害に対して人間がどのように向き合ってきたのかということを中心に、この列島に住む人々の災害観をはじめとして、自然観や生死観の一端に触れるものである。

このことについては、前節で津波と大漁との関わりをテーマにした「魚と海難者を祀ること」

で展開した（注2）。本節では、さらに資料そのものに向き合い、その後に収集した新しい資料を重ねながら、このテーマを再度、俎上に上げることで掘り下げ、津波を典型とする海の自然災害に対して、漁師たちがどのように捉えてきたのかということを述べてみたい。

津波と大漁の伝承

津波にも多くの自然災害と同様に「予兆」に関する言い伝えがある。それは特に、昭和八（一九三三）年の三陸津波の後に「水産生物の異変」として括られることになる『宮城県昭和震嘯誌』（一九三五）に、次のように記されている。

「二、鰮《いわし》　安政三年、明治二十九年ともに大漁續き、今回は、昭和七年十月頃より昭和八年二月迄大漁あり。

三、いか　明治二十九年、昭和八年兩度共、海嘯後稀なる豐漁あり。仍て、「三陸地方」に、「いわしで倒され、いかで活き返る。」の俚諺あり」（注3）

「三」は予兆ではなく「後兆」とも呼べるもので、続けてその予兆と後兆を一つに捉えた俚諺《りげん》を載せている。この俚諺は、宮城県だけではなく、岩手県の大船渡市の三陸町でも、さらに直截的な表現で「イワシで殺され、イカで生かされた」という伝承があったことが書きとめられている（注4）。つまり、津波を中に挟んで、津波の前後に大漁があるという言い伝えであり、さらに津波の前はイワシ、津波の後はイカという魚種まで特定されていることが、この口頭伝承の特異なところである。

この伝承をもう少し実体的に捉えてみるが、「一」の予兆に記されている安政三（一八五六）年とは「安政八戸沖地震」による津波のことで、死者三八名を出している。要するに、安政八戸地震津波、明治三陸大津波、昭和三陸大津波ともに、津波の前はイワシの大漁であったという伝承である。しかし、この伝承は、昭和三陸津波の後に成立したのではなく、すでに明治二九（一八九六）年の明治三陸大津波の時点で認められていた伝承であった。明治三陸大津波の後に出された『風俗画報』という、三陸沿岸の津波を初めてビジュアル化した当時のグラビア雑誌の「雑聞」には、次のように述べられている。


「〇海嘯と鰯漁　青森県鮫港より湊に至る沿海にては四十一年前に鰯の大漁ありしに其年大海嘯あり本年も亦た鰯の大漁なりしに此大海嘯ありたれば人々奇異の思ひをなし居れりと」（注5）

文中の「四十一年前」の大海嘯とは、「安政八戸地震」による津波に該当している。すでに、安政と明治の大津波のときの比較により、「津波の前のイワシの大漁」という認識が、「人々奇異の思ひをなし居れり」という状況のもとに作られ始めており、昭和三陸津波の際には、それをさらに追認することになったのである。

しかも、昭和三陸津波のときには、『宮城県昭和震嘯誌』によると「昭和七年十月ごろより昭和八年二月迄」イワシの大漁が続いたことが記されており、昭和八年の津波が三月三日であることを考えれば、このときは津波直前までイワシが大漁であったことを明らかにしている。

昭和三陸津波の後、その津波の聞書きを取りながら、三陸地方を自分の足であるいて、つぶさに記録した山口弥一郎に、次のような津波の前日（一九三三年三月二日）の、岩手県釜石市唐丹本郷の記述がある。前日までイワシが大漁であったことが、よくわかる記述である。

「前日は鰮粕をたくさん煮て筵に干し、湯に入って休んだ。夜の十一時頃雪が降ってきたらしいので、外に拡げておいた粕をどうしようかと考えたが何せ三百枚分もあったから、家内中起き出て、その取り片附けの仕事をした。終わったのは十二時半頃でもあったろうか、雪は止み空はからりと晴れて星がキラキラと輝いていた。また床に就き色々と考えてうつらうつらしている時、激しい地震が来た」（注6）

また、昭和三陸津波の体験者である、岩手県宮古市田老町の扇田チエさん（大正一一年生まれ）は、津波前にあまりにイワシやアワビの大漁が続くので、実家のそばにいた漁師たちが「こんなに捕れるときは油断するなよ」と語っていたのを覚えておられる（注7）。「油断するなよ」という言葉の中には、あまりに大漁をしたときの次には、津波にかぎらず、何か良くないことが起きると考えられていたことがわかる。また、媼の話では、イワシだけでなくアワビも異常に捕れたことを語っている。

さらに、三陸を離れた他地域にも、「津波と大漁」の伝承があり、その魚種もさまざまであったようである。たとえば、三重県大紀町錦の西村菊二さん（大正一五年生まれ）も、昭和一九（一九四四）年一二月七日の「東南海地震津波」と、昭和三五（一九六〇）年五月二四日の「チリ地震津波」のときの記憶を、それぞれ次のように語っている。

「昭和一九年の東南海地震津波の前日はカマスが大漁だった。大漁をしたので小金を持ってしまい、その小金を取りに戻った人が流された。「いったん一緒に逃げたのになあ」と言われていた。

昭和三五年のチリ地震津波のときにも、錦はシビ（マグロ）の大漁が続いていた。地震もないのに津波が来たが、気付いて外へ出ようとしたら、玄関にあった下駄がみな浮んでいた」（注8）

昭和一九年の津波の前にはカマス、昭和三五年ではマグロの大漁であったことがわかる。錦では、東南海地震津波で六四人の死者を出したが、「小金を取りに戻った人が流された」という、津波に関して、ほぼパターン化された話として伝えられているが、実際にその小金は、前日のカマスの大漁で得たものであったという。

今回の東日本大震災の前においても、宮城県南三陸町の戸倉《とぐら》では、震災前は全体に大漁であり、とくにシイラが大漁で、群れる魚ではないのに海から跳ねていたとか、福島県の相馬地方で、ハマチやシイラが大量に捕れたという予兆があったことも聞いている。

これらの伝承は、自然科学で何らかの説明ができると思われるが、これを一度フォークロアの問題としても考えていかなければならないものと思われる。

ところで、全国的にみても、津波前の異常な大漁の伝承が多いが、それに比べると、津波後の異常な大漁の方は少ないように思われる。しかし、昭和三陸津波の後の『宮城県昭和震嘯誌』には、「いわしで倒され、いかで活き返る」という俚諺を載せており、特に昭和八（一九三三）年の津波後のイカの大漁が顕著であったようである。そのことを体験した岩手県宮古市田老町の赤沼ヨシさん（大正六年生まれ）は、「海は人を殺しもするが生かしもする」と語っている（注9）。

その実態について、再び、山口弥一郎の『津浪と村』から引用しておく。岩手県釜石市の両石という集落の事例である。

「それで一時両石は七分は旅の者だとまで言われた。この移入経路で目立つのは宮城県十三浜村よりの入婿者の多いことであるが、当時区長代理をしていた久保氏は船宿を経営しており、十三浜方面よりいかつりに来る漁夫などを泊めていたので、その世話になり落ち着いた者が多い由である」（注10）

この記述からは、宮城県の十三浜村（現石巻市北上町）からイカ釣りに来ていた漁師たちが、船宿の世話を通して、津波で被災した家々を継承するために入婿に入ったことが理解される。それだけ、昭和八年の津波の後は、イカの大漁が続いたわけであったが、両石の復興は、この十三浜の漁師たちによって担われたといっても過言ではないと思われる。

しかし、この津波の後の漁について、ある種の忌みの感覚をもって臨んだ漁師たちも三陸沿岸に、かつてはいた。次に、そのことについて述べていきたい。

「魚に食われる」・「魚に成る」という表現について

先に紹介した、明治二九年の津波を報じた『風俗画報』には、次のような「雑聞」も見受けられる。

「① ○人肉を好む魚　海栗と云ふ魚介ありて到て人肉を好むよしなるが近頃處々の海岸に漂浮する死体には「カゼ」一面に吸ひ着て全身真黒なるあり又近頃引上ぐる分に毛髪一本だに見へざるあり是れ亦魚類に喰ひ去られしならんと云ふ

② ○両三年は漁業中止せん　漁夫の十分の九は溺死しけるが此一分は生存せるに拘はらず此處両三年間は漁業を営まざるの考へなりと漁夫等の言によれば父兄妻子皆海底の藻屑となれり自分等仮令ひ飢えて死すとも父兄妻子の肉を啖へる魚介を採って生計を営むの惨酷なる能はずと」（注11）

①は津波の後に海岸に漂っている遺体に、「海栗」（ウニ）が吸い付き、真っ黒になっていたという話である。三陸地方では、カゼあるいはガゼは、ウニのことを指している。ここでは、ウニのことを魚と捉えているが、又聞きの誤聞であることを明らかにしていると思われる（注12）。続けて、他の引き上げた遺体も魚に食われたということを述べている。

②は身内を津波で亡くした漁師が、二〜三年は漁師を止めたいと思っていることが報じられている。その理由は、海底の藻屑になった近親者の遺体を食べている魚を、さらに自分たちが捕っ

て食するにしのびない、ということであった。生命の輪廻のようなものを感じさせる伝承である。おそらく、この危惧を生じている漁師とは、身内の遺体が上がらない、行方不明のままの遺族であったと思われる。

魚介類が海に沈んだヒトの遺体を食べるという伝承も広く伝わっている。たとえば、シイラのことを、かつて紀州の漁師は「死人食い」と呼んで嫌い、シイラは人を食べるので、その魚を食べないという。静岡県の焼津市や高知県の奈半利《なはり》町でも同様の伝承を聞いたことがある。

同様に海難事故で遺体が上がらなかった場合には、「魚に食われた」という表現をすることも多い。たとえば、明治二五（一八九二）年一一月三〇日の嵐の夜に、愛媛県の興居島《ごごしま》の沖で、日本海軍の水雷砲艦「千島」がイギリスの商船「ラベンナ」号に衝突され、沈没してしまうという「千島艦事件」があり、乗組員七四名が殉職した。俳人の正岡子規は、同年一二月二日の新聞「日本」に、千島艦事件に付いて、「ものゝふの河豚《ふぐ》にくはるゝ悲しさよ」という時事俳句を詠んだ（注13）。

さらに「魚に食われる」という表現は、「魚に成る」という表現にも転用されていくと思われる。明治二九年の三陸大津波のときに、身内の遺体を食べた魚を、さらに捕って食べることなどできないと感じたという基底には、同様の感情が流れている。

高知県南国市里改田《さとかいだ》の琴平神社には、安政元（一八五四）年の「安政東海地震」の後の、安政五（一八五八）年の三月に、玉垣を建立するが、そのなかに次のような文面が刻まれている。

「…其後三四年の間日夜の震数をしらされも海潮の氾濫はふた、ひなかりき此変に当て甲は燼と成り乙は魚と成へきを此御神の恩頼を得て免る、事を報し奉らむと此玉垣をものし…」（注14）

安政東海地震で、オカに居た者は大火により燃え残りとなり、津波に流され、遺体が上がらなかった者は「魚と成った」と記されている。この「魚に成る」という表現は、ほかにも具体的な魚介類の名前を挙げて、伝承や文献のなかに散見される。

宮城県気仙沼市唐桑町の鮪立では、海で亡くなった者はガニッコ（蟹）に成ると言われ、船上から食べ物の残り物を海へ投じるときや、盆やお彼岸のオホトケ送りの日に供物を海に納めるときに、「ガニッコに上げ申す」と語ったという（注15）。

また、増穂残口《ますほざんこう》の「神路手引草」には、「今も熊野の浦人なんどが、海へ死骸を捨て、鯛に成りておじゃれと呼で葬るは、是往古の遺風なり」（注16）とある。享保四（一七一九）年に一神学者によって「古の遺風」と捉えてられた習俗であるが、少なくとも死んだ魚を海に返すときには、最近まで、同様の言葉を発していたようである。

たとえば、和歌山県新宮市三輪崎では、船上で魚を人目につかないところで腐らせ、水揚げしないでいるその魚のことをネセヨウ（ネヨウ）と言って船では嫌い、それがあると不漁になると言われている。見つけた魚を海に戻すときは必ず、はらわたを手でちぎり、「また来てよ！」とか、「大きくなって来い！」とか、「カツオになって来てください！」とか語りながら戻した。腐った魚を見つけた場所は、タワシで磨いて洗ってから、最後は塩をふりかけ、お神酒を上げて清めたという（注17）。

また、宮城県気仙沼市の小々汐では、頭だけになったマンボウを海に流すときに、カシキはご飯を噛んだものをマンボウの口に供え、「マンボウさん、あと、大漁させらいんや」とか、「友連れて出はれ！」と声をかけてから流すという。「友」とは、この場合はマンボウではなく、カツオのことを指している（注18）。

以上のような、魚から魚への再生儀礼を基盤にして、「魚に成る」というヒトから魚への再生儀礼へと展開していったものと思われる。

「天運循環」の民俗

この列島の沿岸部には、近世から現代まで、「記念碑」というと、津波と大漁が著しく多いが、その興味深い一例を挙げてみたい。

静岡県伊東市宇佐美の行蓮寺にある津波碑は、元禄一六（一七〇三）年の地震津波の記念碑であるが、その前の津波である寛永一〇（一六三三）年の津波の様子とていねいに比較している。

「…伝聞寛永十癸酉年正月十九日大地震之時河井水乾海面潮退五六町魚在沙上数多也壮父走取之帰陸後津波漸来民屋漂破溺死者両三人今正当七十一年今又然哉與否哉隣家互音間臨河井水不乾窺海上潮不退而

津波俄来周章騒動難逃走家屋漂流溺死者大凡及三百八十余人運命尽期乎将
□前世之宿因所感乎今正當六十年天運循環無不往復願い後人為令逅腹轍之□記」
（改行は碑面にしたがった・注19）

つまり、寛永一〇年の津波のときは、川や井戸の水、海のシオが引いてから、その後、ゆっくりと上がってきて、溺死者が二〜三人であったのが、今回の元禄一六年の津波では、川や井戸の水、海水も引かずに、突然に襲来したため、溺死者が約三八〇人にも達したという。自然災害に対するマニュアル化の危険性を明らかにしているわけだが、二つの津波のあいだは約七〇年である。文末には「天運循環、往きて復らざるなし」という『大学』からの引用が目立つ。すなわち、「天運というものはぐるぐると循環するもので、行って帰らないというものはない」という意味のことを記している。

このような、自然災害に対する考え方は、おそらく漢籍からの影響だけでなく、長らく伝承のなかでも培われてきたものと思われる。たとえば、杉浦明平の『台風十三号始末記』（一九五五）は、昭和二八（一九五三）年九月に愛知県南部を襲った台風十三号の優れた災害ルポルタージュであるが、このなかで「津浪」（ここでは高潮のこと）について、人々が次のように語っているのを書きとめている。

「半島（引用者注：渥美半島）だから裏が浅くて氾濫するような川もなし、幾重にも入りこんだ内海だから津浪もおこらない。じっさい、この津浪と洪水の二つの天災からは今まで除外されていた。「そんなことはないってよ。六十年ごとに大津浪があるんだってさ。うちの婆さんの子供のころ、このあたりが一丈も潮に浸ったことがあったというぜ」（注20）

これらは六〇年の災害周期説である。「還暦」という考え方が、民俗社会のなかでは、自然災害についても捉えられていたものと思われる。

同様に「天運循環」の考え方は、自然災害だけでなく、大漁についても当てはめられていた。宮城県気仙沼市唐桑町の御崎《おさき》には、明治四三（一九一〇）年に定置網でマグロの大漁をした「仲網大漁記念」の碑が建立され、次のような文面が読める。

「鮪魚者夏季遂暖流為群而北進捕之有鮪延縄者房総是也有以建網者三陸是也我本吉郡唐桑村之漁區古来以鮪大網名著而今之仲網者嘉永年間係吾祖父勘右衛門之復興吾父禎治継承之以至今日焉此間年有豊歉時有隆替雖不免休業僅不過数年耳今茲庚戌距祖父中興盛漁之歳恰六十年天運循環所謂為還暦歳次顧漁獲必多矣於」

（改行は碑面にしたがった・注21）

これによると、この碑を建立した者（鈴木哲朗）の祖父に当たる勘右衛門が「大網」（定置網）を作ったわけだが、その後、豊漁や不漁を繰り返し、祖父が作ってからちょうど六〇年目にマグロの大漁にめぐり合えたことが記されている。この後の碑文を読むと、約五カ月の一漁期に「十万尾」の大漁をしたという。この大漁も「天運循環」と捉えたわけであった。

また、民俗伝承のなかでも、このような一種の「大漁（不漁）六〇年周期説」が、災害を語るときと同様に伝えられていた。

たとえば、作家の有吉佐和子は、屋久島の「岩川老」から「六十年前にも、私が子供のころですがトビが来なくなって島が大弱りしたことがありますす」、「私は十干十二支を信じてますから、来年辺りからトビウオが昔のように戻ってくると思っとります。あの不漁期から六十年たってますから」という言葉を得ている（注22）。

つまり、津波も不漁（大漁）も、大きな回帰的な時間のなかで到来するということ、言い換えれば、海からもたらされる幸も不幸も繰り返しやってくるということであり、この津波と大漁という回帰的な時間を、少しずらしながらも、ほぼ災害と同時に捉えようとしたのが、津波の前の大漁、津波の後の大漁という伝承ではなかったかと思われる。

もちろん、その基底には、海から魚の生命を大量に獲得する「大漁」の次には津波で人命が失われ、その後には「魚に食われ」、「魚に成った」ことで大漁が約束されるという、生命観や再生儀礼を支えた考え方があった。

この回帰的な時間の発想は、東日本大震災後の被災地に対して、「防災」という観点からしか海を捉えないありかたとか、漁業を「資源管理」という観点だけで捉えているのとは違う、もう少し海に対する信頼と謙虚さを含んだ、自然のもつ回帰的な力に沿って生きようとした考え方ではなかったかと思われる。

海に落としたときに浮くようにコルクが付けられている金具（宮城県南三陸町石浜、14.10.13）

おわりに―自然から人為へ

しかし、災害や大漁に対して、ただなすがままに身を任せるということだけではなかった。とくに、三陸沿岸の漁師にとっては、そのような自然の気まぐれに対して、もう一つの考え方や生き方があった。

たとえば、包丁などの金物を船から海に落とすと漁に恵まれないという禁忌は全国的にあるが、三陸沿岸では、白い紙に落としたものを描いて地元の神社に奉納するという対処法が伝えられている。この習俗のことを「失せ物絵馬」として捉えられている（注23）。金物をうっかりと落としてしまうという「自然」現象を忌みて、あえて神様に奉納するという「人為」に変えてしまうことで、そのリスクを避けようとする行動でもある。要するに「魔がさした」ことを怖れたわけである。

宮城県南三陸町の石浜の高橋勝博さん（昭和一三年生まれ）は、さらにこの慣行を裏付けるように、金物を落としたことを人に伝えるときに、「金物を落とした」とは語らずに「金物を下ろした」と語ることにしているという（注24）。つまり、あえて自分の意思によって、船から海へ金物を下ろしたことに変換することで、災いを避けようとしたのである。

同じ宮城県気仙沼市小々汐では、「怪我をしたこと」を「エビスを買う」と言い換えていることを、小池淳一が採録している（注25）。おそらくこの事例も、うっかりと怪我をしたことという自然の振る舞いを忌みて、あえて「エビスを買う」という人為を表す言葉に換えて、偶然の事故に伴う、その後の凶事を言葉によって避けようとしたにちがいない。そもそも「エビス」は、寄り物を典型とするように、神によって自然に、人間の世界にもたらされるものであったからである。

うっかりとしたミスや怪我も含めて、漁師たちが自然災害にどのように対処しようとしてきたか、これも自然観とともに考えるべき、「災害文化」の第一歩であると思われる。三陸沿岸に住む者にとっては、このようなささやかな「人為」を基盤にして、自然災害に何度も襲われながらも、立ち上がってきたに違いないからである。

次の第Ⅲ章では、民俗社会において津波そのものを、どのような方法で伝えてきたのか、述べていきたい。

注1　谷川健一編『地名は警告する―日本の災害と地名』（冨山房インターナショナル、二〇一三年）

2　川島秀一「魚と海難者を祀ること」『歴史民俗資料学研究』第一八号（神奈川大学大学院歴史民俗資料学研究科、二〇一三年）二三五～二五六頁

3　『宮城縣昭和震嘯誌』（宮城縣、一九三五年）六頁

4　『三陸町誌』第四巻津波編（三陸町史刊行委員会、一九八九年）一三七頁

5　『風俗画報』臨時増刊第一二〇号大海嘯被害録下巻（東陽堂、一八九六年）二九頁

6　山口弥一郎『津浪と村』（石井正己・川島秀一編、三弥井書店、二〇一一年、初版は恒春閣書房から一九四三年に出版）六二頁

7　二〇一四年一月一四日、岩手県宮古市田老町の扇田チエさん（大正一一年生まれ）より聞書

8　二〇一一年七月二五日、三重県大紀町錦の西村菊二さん（大正一五年生まれ）より聞書

9　二〇一四年一一月三日、岩手県宮古市田老町の赤沼ヨシさん（大正六年生まれ）より聞書

10　注6と同じ。一七五～一七六頁

11　注5と同じ。三〇頁

12　吉村昭の『三陸海岸大津波』（文春文庫、二〇〇四年、初版は中公新書版『海の壁―三陸海岸大津波』として一九七〇年に出版）には、「海岸には、連日のように死体が漂着した。人肉を好むのか、カゼという魚が死体の皮膚一面に吸い着き、死体を動かすとそれらの魚が一斉にはねた」（五一～五二頁）とあり、『風俗画報』からの引用であることが明らかであるが、さらに、この誤報をそのまま踏襲する結果になってしまっている。

13　ただし、この子規の句の場合、「覆没」の「覆」と「河豚」に言葉が掛けられているかもしれず、必ずしも松山地方の民俗を拾っているわけではないかもしれない。なお、筆者は宮城県気仙沼市小々汐で、海難事故で行方不明のままの家にお見舞いにいったことがあるが、

遺族は「魚に食われた」と語っていた。
14　二〇一三年六月三日、高知県南国市里改田の琴平神社にて実地調査
15　一九八四年四月七日、宮城県気仙沼市唐桑町鮪立の浜田徳之翁（明治三四年生まれ）より聞書
16　増穂残口「神路手引草」（享保四［一七一九］年）
17　二〇〇一年一一月三日、和歌山県新宮市三輪崎の西村治男さん（昭和六年生まれ）より聞書
18　一九八六年六月一〇日、気仙沼市小々汐の尾形栄七翁（明治四一年生まれ）より聞書
19　二〇一四年五月一九日、静岡県伊東市宇佐美の行蓮寺にて実地調査
20　杉浦明平『台風十三号始末記』（岩波新書、一九五五年）五頁
21　二〇一三年七月六日、宮城県気仙沼市唐桑町の御崎にて実地調査
22　有吉佐和子『日本の島々、昔と今』（岩波文庫、二〇〇九年。初版は集英社から一九七九年に出版）九二～九三頁
23　川島秀一『漁撈伝承』（法政大学出版局、二〇〇三年）三七～六四頁。本書一四頁の「失せ物絵馬」の写真参照
24　二〇一四年一〇月一三日、宮城県南三陸町の石浜の高橋勝博さん（昭和二三年生まれ）より聞書
25　小池淳一「エビスを買う」『津軽の民話　落ち穂拾い』（佐々木達司、二〇一四年）二～三頁

Ⅲ　海の傍らで津波を伝える

一、津波石の伝承誌

はじめに

津波で陸《オカ》に寄り上がった大岩のことを、一般的に「津波石」と呼ばれている。三陸沿岸と沖縄県の先島諸島《さきしましょとう》(宮古島諸島と八重山諸島)が主である。三陸沿岸は津波常習地域であり、沖縄は明和八(一七七一)年の大津波で上がったものとするところが多い。これらの二つの地域では、「津波石」に対してさまざまな意味を付与しているが、その遇し方の相違点や共通点を探りながら、津波という災害を、日本列島の人々がどのように捉えてきたかを述べるのが本節の目的である。

三陸沿岸では、岩手県の田野畑村羅賀《らが》、同県大船渡市三陸町の吉浜、同市赤崎町外口《そとぐち》の三カ所の津波石を対象とする。沖縄県では、宮古島・下地島《しもじじま》・多良間島《たらまじま》・石垣島の四島の津波石を扱う。

三陸沿岸の津波石

三陸沿岸は津波の常習地であり、近代以降の主な津波は、明治二九(一八九六)年の三陸地震津波、昭和八(一九三三)年の三陸地震津波、昭和三五(一九六〇)年のチリ地震津波、そして平成二三(二〇一一)年の東日本大震災による津波である。ここでは、明治二九年と昭和八年に上がった津波石の事例について列挙しておく。

① 岩手県田野畑村羅賀

岩手県田野畑村羅賀に海岸から約三六〇メートル、標高約二五メートルの場所に、明治二九年の津波で寄り上がった石がある。重さ約二〇トンの水成岩である。東日本大震災の津波では、この津波石を越えている。

漁協の元組合長であった畠山栄一さんは昭和八年の津波を体験していて、会合があるたびに、そろそろ津波が来るかもしれないことを語っていたというが、誰もその話に乗る者もなく、東日本大震災の前年に亡くなっている。彼は毎年、小学校の津波の授業のときに子どもたちを、この津波石の前に引き連れ、津波の説明をしていた。旅行客に対しても津波石に案内していたという（注1）。

この津波石と道路を挟んで、明治二九年の「大海嘯溺死者招魂碑」が建立されている。東日本大震災の津波では、上部の「大」の字の部分が欠け、数メートル奥へ流されていた。

② 岩手県大船渡市三陸町吉浜

吉浜の津波石は、昭和八年の津波によって上がったものであり、耕地整理のために浜に埋められたままであったが、今回の津波によって再度、発見されたものである。

吉浜の柾木沢《はのきざわ》正雄さん（昭和四年生まれ）によると、震災の日の午前に、二人の友人たちと海を見ながら二日前の地震のことを話題にしていたという。子どものころに甘酸っぱいハマナスを拾って食べては津波石に上がったという共通の思い出がある三人は、その津波石の話もして、「あの石がまた現れるには、大きな津波を期待するしかないな」などと、皆で戯れに語っていた。津波からわずか四時間前のことである。杁木沢さんによると震災時の大津波は、まるで大きな生き物のようになって吉浜湾に入ってきたという。

下の浜を襲った後、二週間くらい過ぎてから、その話題をしていた友人の一人がオートバイで近くに行ったところ、その石の先端が見えたという。石の周りを二時間くらいかけて皆で掘ったところ、全体の姿を見せ、バケツで石に水をかけたら「津波記念碑」の文字が見えた。高さ二メートル一〇センチの石である。まるで、その津波石が自身で現れたいために津波を呼んだようだと、杁木沢さんはその石に対して不思議な感じを抱いている（注2）。

再び人々の目に触れることになった石には、「津波記念石」と大きな文字の下に「前方約二百米突吉浜川河口ニアリタル石ナルガ昭和八年三月三日ノ津浪ニ際シ打上ゲラレタルモノナリ　重量八千貫」とある。約三二トンの石であった。

③　岩手県大船渡市赤崎町外口

大船渡市赤崎町の外口に祀られている津波石は「龍神」として祀られている。『大船渡市史』には「津波石」としてではなく「龍神」の事例として、次のように記述されている。

「縦三メートル、横二メートル、高さ一メートル大の海石の上に無刻の石を建ててある。明治二十九年三陸海嘯に海底から押し上げられた石であるが、水際から約二百メートルの山林中に横たわる。里人竜神を祀って再びこの惨状を繰返えさぬ様祈ったものと伝えられ、竜神の石と呼んでいる。蔓草に覆われた下にその大岩がある」（注3）

この「龍神」は、現在は杉林の中にあり、今回の津波でも流れなかった。外口の大沢勝男さん（大正一五年生まれ）によると、以前は杉林ではなくソバ畑であって、旧道のそばにこの石があったという。少年のときにこの石のそばで遊んだころには、頂上に祠が乗っていた。大沢さんの近所の者の言い伝えによると、津波のときにこの石が陸上げされたそばには遺体が流されずに集まっていたという。このときの無縁ボトケを埋葬して祀ったところが、「龍神」より高いところにあるシンハカ（新墓）だという。

明治二九年の大津波では、外口とその隣の集落である長崎の双方から波が上がってきて、大沢さんの家の前でヒモアワセ（紐合わせ、合流のこと）になり、家族の中の一夫婦とその子が船の近くへ行っていたことで、三人ともに命を落としたと伝えられている（注4）。

同じ大船渡市の津波石が、明治二九年の赤崎町の場合は「龍神」に祀られ、昭和八年の三陸町の場合は、前述したように「津波記念石」とされている。昭和八年の場合は、朝日新聞社が集めた義捐金の一部によって、岩手県・宮城県の被災した各浜々に「津波記念碑」が建立されているので、後者の場合は、その影響は拭いがたい。

宮古市摂待の伝承の「津波石」(14.4.17)

吉浜にもその記念碑が高台に建てられていたが、今回の地震で石碑そのものが落下している。記念碑の表には「津波記念碑」の文字とともに「大地震の際には津波が来る」、「俄に潮が引いたら警鐘を打て」、「警鐘を聞いたら避難せよ」、「三四十年経てば津波が来ると思へ」という、四つの標語が続けて刻まれている。碑に向かって左側の側面には「昭和八年三月三日午前二時半」と「昭和八年三月三日午前三時大津波」の文字が並んで刻まれ、右側の側面には「東京朝日新聞社寄贈」の文字が読める。津波石の「津波記念石」が石そのものに関する事項が刻字されているのに比べて、こちらは次の津波に備えての標語が刻まれている。

また、赤崎町の「龍神」もそうであるが、石そのものに不可思議な思いを重ね合わせていたことが理解される。三陸沿岸において、津波で上がった多くの石のなかで、「津波石」として伝承され得るには、その大きさだけではなく、その石にまつわる不可思議な出来事がストーリーとして付加されていることも大事な要件である。後世の『大船渡市史』のなかで、「里人竜神を祀って再びこの惨状を繰返えさぬ様祈ったもの」という一見、合理的な説は、昭和八年の津波記念碑以降の思惑から付加されたものであると思われる。

その他、三陸沿岸には「津波石」と伝えられ続けてきた石として、岩手県宮古市田老町の摂待《せったい》にある。摂待の舘崎隆保さん（昭和七年生まれ）によると、大昔の津波で上がったと伝えられる「大石」があり、お年寄りからこの石の前で津波のことを教えられたという。外見上は陸に置いたような形跡があるが、不分明である。昭和八年の津波で上がった津波石も田のなかにあったが、東日本大震災で行方不明になった。その震災で上がった石もあったが、破壊されたという（注5）。東日本大震災で上がった石も、三陸沿岸の各地で見られるが、それが改めて「津波石」として伝承されるようになるには、別の文脈が必要のように思われる。

東日本大震災で上がった石（岩手県下閉伊郡田野畑村のハイペ海岸、16.3.3）

先島諸島の津波石

沖縄県の宮古島地方と八重山地方は、通称先島諸島とも呼ばれるが、大小多数の津波石が多い地帯である。その理由は、沖縄地方の沿岸部では、サンゴ礁が石化してサンゴ石灰岩が形成され、破壊されやすく、かつ比重も小さいために、津波によって陸に打ち上げられやすいからである。

先島諸島の津波石は明和八（一七七一）年の大津波で上がったという伝承をもつものが多いが、実際はこの津波以前に上がったものも多く、その地質学的な調査が必要である。

①　宮古島

宮古諸島は宮古島本島を中心にして、伊良部島・下地島・池間島・来間島《くりまじま》・多良間島・水納島《みんなじま》などの諸島があるが、本節では、宮古島・下地島・多良間島を対象とする。

宮古島では東平安名崎《あがりへんな》の津波石の集中地帯から、西へ向かって宮古島市の城辺町《ぐすくべ》・上野村・下地町へかけての南岸沿いに津波石や津波に関わる伝承や儀礼が多い。

これらの宮古島南岸は、明和の大津波での被災地帯であり、城辺町《ぐすくべ》の砂川《うるか》や友利、上野村の新里《しんざと》などは、そのときに高台移住を果たした集落である。

東平安名崎の沿岸や岬の上に津波石が大小残っているが、その中には、伝説に付会した「マムヤの墓」と呼ばれる石もある。マムヤと呼ばれる女性が悲恋のあまり、この東平安名崎の断崖から身を投じたとされている伝説である（注6）。

津波石を儀礼として用いていた事例は、上野村の新里にある。『あらさと誌』によると、二月の「きのえ、または、つちのえの日」に、「ルーグニガス（龍宮お願）」といって、「ナガイ（地名）の浜辺のウプシー（大岩）の前で仮小屋をつくって、龍宮の神をしずめ、航海安全、海上安全、豊漁祈願などをする」とある（注7）。この大岩が明和の大津波で上がった津波石であった。ナガイバー（ナガイ浜）は、この津波以前には貿易港としても用いられていたところである。

ナビイサの母親が抱えたという石臼（14.4.29）

新里は明和の大津波で、高台の現在地に移住している。少しずつ移動してきたが、住民の数が足りなくて「村建て」ができず、伊良部島からもここに移住させたという。集落があったところは元島《もとじま》と呼ばれ、現在はゴルフ場が建設されている。このゴルフ場の敷地内にも津波石があるが、撤去してはいない。業者によっては津波石を除けると罰が当たると考えている者もいて、実際に敷地を整地中にユンボが倒れたことがあったという（注8）。

また、この新里にはナビイサと呼ばれる高名な力持ちの伝説があるが、ナビイサの母親は津波のときに妊娠していて、石臼を両手に抱えて嶺に上がって逃げたといい、その石を伝えている家がある（注9）。異常なる怪力が津波の力を通して生まれたことも考えられ、興味のある伝承である。

津波石はほかにも、下地町の洲鎌《すがま》では畑の中にあり、これらの石のことは、宮古島では一般的にアギーイシ（上げ石）と呼んでいる。

なお、城辺町の砂川村では、旧暦三月初酉の日に、津波除けの祭祀として伝えられるナーパイ

女たちによってダティフが挿される（13.4.13）

明和の津波石の前で踊られるクイッチャー（13.4.13）

（縄張り）も行なわれている。この日には、城辺町の砂川・友利のほかに、上野村の新里・宮国からも参集している（注10）。この日、女性たちは、ところどころの聖地や曲り道、筋交《すじかい》で、ダティフ（竹の一種）を挿して行く。この竹は、縄を張る杭のことだというが、儀礼のなかでは縄を張ることはない。この見えない縄を張ることによって、陸と海の世界との分断を図るものであり、最後には、浜にまで下りていき、明和八（一七七一）年の大津波で上がった大きな津波石のそばで、クイッチャーという踊りを輪になって踊る。

② 下地島

宮古島本島の西に本島と橋でつながっている下地島がある。その北岸の佐和田の浜には、大小の岩が天然の戯れのように、ばらまかれた風景が広がっている。現在はこの風景が観光地として人々を誘っているが、これらの石が明和八年の大津波でリーフ内まで上がった津波石である。下地島にはもう一カ所、明和の大津波で上がった石と伝えられる「帯岩」がある。高さ一二・五メートル、周囲五九・九メートルの巨岩で、岩の中ほどがくびれていることから、人間が帯を締めている様子にたとえて「帯岩」の呼称がある。

この帯岩の周辺にあった木泊《きどまり》という名の集落は、明和の大津波で全滅した。その後は佐和田の浜のように、大小の岩塊が散らばっていたそうであるが、一九七三年から七九年にかけての下地島空港の建設のために、ほとんどが爆破された。伊良部町からの願いで、この帯岩だけが保存さ

下地島の「帯岩」(11.9.24)

れることになったが、そのときからすでに民間信仰の対象になっていたと思われる。

帯岩は大漁祈願や航海安全、あるいは「島建ての岩守護神」として信仰が定着しつつあった。「島建て」とは「村建て」のことであり、つまり大津波後の新しい集落を建設する上でのシンボリックなものとして、この津波石が選ばれたのである。

下地島には、ほかに「通り池」と呼ばれる二つの丸い池があり、津波伝説が付会されている。海側の池は直径七五メートル・水深五〇メートル、陸側は直径五五メートル・水深四〇メートルであり、二つの池は底でつながっており、海側の池はさらに外洋とも結ばれている。地質学ではブルーホールと呼ばれる、鍾乳洞の崩落地形である。

ユナタ（ヨナタマとも言う）と呼ばれる人魚を捕ってきた者の家と、それを食べようとした家が、それぞれ海に近い深い池と陸の池があるところに建っていたという。このユナタは人間から逃れるために、津波を海底から呼んで、下地島にあった集落を壊滅させたという（注11）。

③ 多良間島

多良間島は、宮古島本島から南西へ約六七キロメートル沖合にある。明和八年の大津波は、多良間島では最大遡上高が一八メートルと推定されている。集落のある北側から襲われたが、津波があった日の夜に遠くから見ていると、カマドの火が消えたところ、消えかけたところ、消えないところと確認できたと伝えられている。多良間島の北にある水納島《みんなしま》は全滅。その後、多良間島からの移住があったが、現在は一世帯五人の島である。

多良間島は津波石の島と呼んでも不適切でないくらい、平地にも津波石が多い島である。それでも四〇年くらい前には、これらを破壊して砂利にしてから売った人もあったという。

津波石は伝説と結びつくことが多いが、多良間島の海抜一五メートルにある小学校のそばにも、一つの名前がつけられた津波石がある。これはヌツタスキトゥンバラ（命を助けた岩）と呼ばれ、明和八年の大津波のときに、ある妊婦がこの岩に上がって助かったと伝えられる石である。この石自体が、明和の大津波以前の津波石であり、津波石は年代の測定が急務である。

ヤティフトゥンバラという津波石も、ヤティフ（トゥズルモドキ）の蔓につかまってこの岩にいたことで津波から助かった伝説がある。

ヤマトトゥンバラは、昔、この岩の洞窟に刀があったことで、平家の落人が居たという伝承がある。第二次世界大戦中は防空壕の代わりを果たした。

ティダカッファストゥンバラ（太陽を隠す岩）は、島で一番大きな津波石で、昔、琉球の役人が任務を終えて沖縄本島に帰郷するときに、島の愛人がこの岩に登って手を振ったという伝説がある。この津波石がある土地の持主が、この岩に水や酒を上げている。

仲筋にあるカミディマスと、塩川にあるユーヌフツトゥンバラという二つの津波石は、それぞれ島の南と東南に位置して、ウプリ（虫送り）のときに虫を捕るところであるという。これらの虫は集められて、北側の海岸にあるンガートゥンバラから海へ流される。

放牧している牛の日除けに用いられた「津波石」（11.9.25）

伝説が付会したり、虫送りなどの年中行事に利用されるほかに、津波石の実用的な使い方としては、放牧している牛の日除けに用いている場合もある。津波石には年月が経つと、ガジュマルなどの植物が生えるからである。また、多良間島でも、下地島の佐和田の浜のように、津波石が並ぶ海の風景を観光開発しようという動きがあり、「ふるさと海浜公園」を創っている。

しかし、一方で、津波石は神様に関わることなので、どのようにも利用しないで、撤去しないという考え方もある。多良間村ふるさと民俗学習館の垣花昇一氏によると、畑の中にある津波石について、畑の持ち主に、なぜ除けないかと尋ねたところ、津波石には神様が常住していると言われたというが、彼らは海からの贈り物のような感覚で大切にしているそうである。

多良間島のあるところでは、土地を譲り受けた者が津波石を撤去したところ、病気になったという。ユタのような宗教的職能者にみてもらったところ、津波石を壊したためだと語られたという（注12）。

④ 石垣島

三陸沿岸における明治と昭和の大津波を地理学と民俗学から研究した山口弥一郎が亡くなった同じ二〇〇〇年に、八重山における明和の大津波の研究に捧げた、元石垣市助役の牧野清が、山口と同じく高齢で亡くなった。牧野の『八重山の明和大津波』（一九六八）には、「打ち上げられた大石と貝」という項目もあり、ここで津波石をつぶさに調べた報告をしている（注13）。

その書によると、これらの大石のことを「キツイシ」とか「トゥンドゥキッ」と呼び、ある地点の目印として名前がつけられている石が多いという。同書に「いちばん大きい石」とされている津波石は、現在、石垣市大浜の崎原公園にある、推定重量七〇〇トンの津波石であるが、現在は明和の大津波で上がった石かどうかは不明であるという。

同書に「名前のつけられている石」として挙げられている宮良《みやら》の底田原の畑にあったガーランジ石は潰してしまったが、石垣島では津波石に対する聖化や禁忌はあまり見られないようである（注14）。

石垣島には他に北東部の伊原間《いばるま》の海岸にも津波石があり、主に南部から東部にかけて集中している。大浜・宮良・白保《しらほ》などは、この津波によって集落を高台に移転している。

八重山諸島には他に、黒島の南東部のユナ海岸に、津波に由来するユナ石があるとされる。ただし多くの津波石は、牧場や道路建設のために砕かれて現存していないという（注15）。このユナ海岸やユナ石のユナも、下地島の通り池の伝説に登場するユナタ（ヨナタマ）と大いに関係のある言葉であると思われる。

おわりに

三陸沿岸と先島諸島における津波石の伝承を列挙してきたが、その共通点と相違点を簡単に述べておきたい。

三陸も先島も、津波を民間信仰との関連で表現するとすれば「龍神」として祀られていることが共通している。ただし、三陸では、赤崎町外口の「龍神」を別として、「津波記念石」として一種の記念碑として遺そうとしている。それに対して、特に宮古諸島は、この津波石を一種の聖地として扱い、そこで龍宮祭などの儀礼を行なったり（宮古島）、虫送りの虫を集める場所としていたり（多良間島）、神として祀ったりしている（下地島）。特に、津波石を一種の神からの贈り物として、破壊することをタブーとしている感覚は注意しておく必要があると思われる。三陸沿岸の津波石に対しても、その感覚に近い思いが人々によって表現されているからである。

下地島の佐和田の浜や多良間島の「ふるさと海浜公園」は、津波石の散乱する風景の観光化を目ざしてきている。しかし、われわれは自然がコツコツと時間をかけて造り上げているものに対しては心地よいものを感じ、津波のように一気に自然を変えてしまうものに対しては、何かその力に暴力的な、あるいは背後に魔性の人格をもった者さえ想定してしまうのは、なぜなのだろうか。津波石のように、それさえも神の贈り物として捉えている大きな自然観が必要であるとともに、津波という災害を、列島の人間がどのように捉えてきたかということを振り返ってみる必要があるだろう。そこには、防潮堤のように人間と海との関係を切り離す考えとはまったく逆の考え方があるからである。災害列島に住む者の自然観や災害観として、今後も考えていかなければならないものと思われる。

注1　二〇一一年一〇月九日、岩手県田野畑村羅賀の山根峯行さん（昭和九年生まれ）と山根律さん（昭和一六年生まれ）より聞書

2　二〇一一年一〇月二日、岩手県大船渡市吉浜の柾木沢正雄さん（昭和四年生まれ）より聞

書。なお、この津波石は、耕地整理によって埋められていた。

3　大船渡市市史編集委員会編『大船渡市史』第五巻（大船渡市、一九八二年）四八七頁

4　二〇一一年八月二八日、岩手県大船渡市赤崎町外口の大沢勝男さん（大正一五年生まれ）より聞書

5　二〇一四年四月一七日、岩手県宮古市田老町摂待の舘崎隆保さん（昭和七年生まれ）より聞書

6　この「マムヤの墓」に関する伝説は、たとえば遠藤庄治編『下地町の民話』（下地町教育委員会、二〇〇三年）一六一～一六四頁に「平安名のマムヤ」という話名で採録されている。このような津波石や洪水で上がった石が伝説化されるのは、他の地方でも伝えられている。たとえば、長野県飯田市で田の中にある大きな石を「大石」と呼び、これは「未満水という昔の大洪水のさい流れ出したもの」であり、「この大洪水は一七一五年（正徳五乙未の年）のものだと後に知らされた。田中の大石の中には夜泣石と名づけられ、子守女の横死の伝説を持つものもあった」という（古島敏雄『子供たちの大正時代―田舎町の生活誌』平凡社、一九九七年［初版は一九八二年］）二二五～二二六頁

7　あらさと誌編集委員会編『あらさと誌』（あらさと誌編集委員会、一九九五年）一五〇頁。真下厚氏の御教示による。

8　二〇一二年四月二二日、沖縄県宮古島市上野字新里の佐渡山安公氏から御教示を得た。

9　『あらさと誌』（注7と同じ）三五三～三五五頁には、「ナビイサの話」と「大力のナビイサ」の二話が掲載されている。真下厚氏の御教示による。

10　ナーパイについては城辺町史編纂委員会編『砂川村のナーパイ祭祀調査報告』（城辺町教育委員会、二〇〇一年）に詳しい。

11　このときの津波を明和の大津波のときだとする説明もあるが、同様のヨナタマの話は、すでに寛延元（一七四八）年の『宮古島旧史』に「伊良部下地という村洪涛にひかれし事」という標題で載っていることから、明和の大津波という出来事の方が後から、この伝説に付会していったものと思われる。なお、津波と人魚の伝説は、口承資料として、先島諸島の各島で採録されている。

12　二〇一一年九月二五日、沖縄県多良間村字塩川の垣花昇一氏から御教示を得た。なお、宮城県南三陸町歌津の北ノ沢では、海の底から高波で上がった石を「八大龍神様」として祀っていたが、ある建設業者がこの石を移動しようとしたところ病気を患い、オカミサン（巫女）の託宣により、そのことを取りやめたという同様の伝承がある。列島の北と南で、海から上がった石について同様の伝承があることに注意をしたい。

13　牧野清『改訂増補　八重山の明和大津波』（私家版、一九八一年、初版は一九六八年）一七九〜一九一頁

14　二〇一二年四月二四日、沖縄県石垣市宮良の小浜勝義氏（昭和九年生まれ）から御教示を得た。

15　後藤明「琉球列島先島地方における津波関連の史跡・文化財写真資料」『台湾・フィリピン・八重山地方における海洋伝承の比較研究―オーストロネシア系基層文化の追及―』（私家版、二〇〇七年）一二七頁

二、津波碑から読む災害観―人々は津波をどのように捉えてきたのか―

はじめに

「災害文化」という用語が使われだしたのは、一九六〇年代のアメリカの社会学界からである。「災害の衝撃から人々が立ち直るまでの期間の人間行動」を対象にし、そこに「一定の特有な傾向」を見出そうとする研究である。歴史学者の北原糸子は、その社会学的な「災害文化」を、歴史学に置き換えることで、一つの道筋を引いた。つまり、災害の「変容が歴史的に定着した過程を明らかにし、地域社会や個人は積極的にしろ消極的にせよ、そうした変容にどの様に荷担したか」を明らかにしていくことが、当面の課題となるという。それは、北原がこれまで関わってきた、「過去の災害から防災側面のみを取り出す教訓の学びだけに特化しない」災害社会史研究の王道でもあった（注1）。

本節では、自然災害に関わる前後の歴史的過程や社会的過程ではなく、そもそも、その自然災害に対して人々がどのような思いを抱き、どのような方法でそれを伝えようとしたのか、主に「津波」という自然災害を事例にまとめておきたい。

分析対象としては、歴史資料ではなく、これまで、あまり表だって使用されてこなかった、近世以後の列島各地の津波関係碑（津波記念碑や津波供養碑を含む）に刻まれた碑文と、その建立場所や碑をめぐる儀礼、口頭伝承などの民俗資料を用い、文献資料は適宜、補足として用いることにする。

主な対象地としては、①有明海沿岸（長崎県・熊本県）、②四国太平洋岸（高知県・徳島県）、③紀伊半島（和歌山県・三重県）、④伊豆・房総半島（静岡県・千葉県）、⑤三陸沿岸（宮城県・岩手県・青森県）の、五地域に分けて、逐次、次のような視点で捉えることを主眼とする。

最初に、碑文における「津波」という語彙と、「津波」を意味する語彙について注意をしておく。また、地震の後に被害を逃れるため、船を沖に出す、いわゆる「沖出し」について刻まれていることがあれば、どのような警告をしているのかを見ておく。さらに、地震との関わりは無論のこと、津波がどのような周期を伴って襲ってくるのかという考え方について、同様の碑文や口頭伝承から再考しておく。最後に、三陸沿岸の津波関係碑の同様の視点からの把握において、他の四つの地域の碑文の内容などを比較しながら、西日本と三陸沿岸との、津波関係碑の質的な差異などに触れ、列島全体の津波関係碑における把握を大まかに行なっておきたい。

有明海における寛政四年の津波関係碑

有明海沿岸の津波関係碑は、寛政四（一七九二）年四月一日に起きた島原半島の雲仙岳の噴火による眉山《まゆやま》の有明海への崩壊と、それによって生じた津波の記念碑や供養碑である。通称「島原大変肥後迷惑」と呼ばれるように、島原の対岸の現在の熊本県まで被害が及び、死者は約一万五千人とされている（注2）。津波関係碑は、長崎県で四一基、熊本県で四三基を占めている。熊本県内の津波記念碑の特徴としては、肥後の玉名郡・飽田《あきた》郡・宇土郡の三カ所に同種の供養碑が建てられたことであり、肥後藩において、すでに次の災害を防ぐための藩政が行なわれていたことがわかる。このうち、玉名市扇崎の「千人塚」（「鬼除千人塚」という呼称もある）には、寛政四年の津波について、次のように刻まれている。

「ことし寛政四の年壬子正月より肥前国温泉乃嶽（引用者注：雲仙岳）煙たち炎火日に月に熾《さかん》にして、おなしき四月一日の夜山崩れて海に入り潮溢れて我が国飽田宇土玉名三郡の浦浦に及び良民溺れ死する者玉名郡に二千二百余人飽田宇土を合わせて四千数百余人（後略）」（注3）

ほかにも、供養碑は散在しているが、たとえば、熊本市河内《かわち》町船津にある碑には、「四月朔の夜温泉のまえなる山たちまち崩れて海に落入り潮水是に激して高波あふれ当国飽田宇土玉名三郡のうち彼方にむかへる浦々嶋々の神社佛閣人家古《こ》とことく破砕漂没して多くの人民溺死せり」（注4）などとあり、先の例でもそうであるが、ことさらに「津波」という言葉が使われているわけではない。

この寛政四年の津波関係碑は長崎県・熊本県両県合わせて八四基を認められているが、現在に至るまで、津波のあった四月一日に、津波碑の前で供養の儀礼を行なっているところが、熊本市と天草市にある。

熊本市河内町塩屋の津波供養碑は、安山岩の自然石（高さ二四四チセン・幅二四七チセン）に刻まれている。碑面には「南無妙法蓮華経　法界萬靈」とあり、「寛政四年　四月朔日流」の日付も読める。奉納者は「熊本新壺井紺屋町　赤木弥次郎」「新魚屋町　荒川綜兵衛」「同蕎麦屋　治太良」の三名、いずれも熊本城下の商人と思われる。塩屋という漁村と城下の商人との関わりが深かったことがわかるが、この供養碑の所在地である川越光則家では、以前から、毎年、津波のあった四月一日には、兄弟たちや親戚を呼んで、タイやスズキなどの魚を供養碑の前に供えて、供養を行なってきたという（注5）。「津波供養祭」として広く集落の者も参画していったのは、約一〇年前からで、漁協や消防団も組み入れ、宮司による供養が行なわれている。

一方で、天草市有明町小島子《こしまご》の鯨道《くじらどう》には、「寄り人様」と呼ばれている寛政四年の津波供養碑があり、現在も四月一日の発災日に供養が続けられている。碑のそばには有明町教育委員会の「寄り人様の由来」が、平成一六（二〇一四）年に建てられていて、寛政の津波の説明の後に、次のよう

津波供養碑の前の「供養祭」（16.4.3）

に書かれていた。

「村々の海岸にはおびただしい亡骸《なきがら》が打ち寄せてきました。人々はそれを「寄り人様」と言い、供養を営みました。その後、各地区では無縁塔を建立して寄り人様の霊をねんごろに弔いました。ここ小島子鯨道の慰霊塔もその一つで、慰霊祭は今でも受け継がれており、毎年四月一日は津波節句の手料理が振る舞われ、地区民の交流を深めています」

津波による「漂着遺体」という言葉より、「寄り人様」という言葉のほうが優しい響きがあるが、鯨道の人々も「寄り人さん」と親しげに呼んでいる。四月一日には、その供養のことを「津波節句」と呼んで、一種の地区行事として集い楽しむ行事であった。天草で四月一日前後は、桜の花が満開となる行楽の季節でもある。

天草下島の五和町《いつわまち》御領《ごりょう》の黒崎海岸に建つ「南無阿弥陀仏」も、寛政四年の津波で周囲に打ち寄せられた遺体を供養して建てられたものであるが、つい最近まで、四月一日には島原半島の口之津《くちのつ》から人々が船に乗って渡ってきて、供養碑の前で飲食をして帰っていったという。

無縁様の供養碑であるから、必ずしも犠牲者の子孫ではなかったはずだが、こうして天草の各地で、四月一日を亡き人の供養を兼ねた行楽の日としていたようである。また、「寄り人様」の祭日には、藍の地に白く「八幡宮御前」と染めた幟を立てるが、鯨道の宮下馨さん（昭和一〇年生まれ）によると、「寄り人さん」の石碑は、とくに縁日には「御前様」と呼んでいるという（注6）。よく検証すれば、「寄り人様」の石碑の前に、石の祠が建っている。後ろの石碑の方には正面に「溺死霊魂塔」、向かって右側面に「維時寛政壬子年四月朔日」と津波の日、そして左側面に、おそらく建立者と思われる村人二一人の名前が刻まれている。

「八幡宮御前」の旗を奉納した中山幹雄さんの子孫によると、亡くなった父親の幹雄さんのお話では、以前に四月一日の「寄り人様」の供養を止めたら、村に赤痢が流行したので、再度祀り始めたという。おそらく、そのような折にでも「寄り人様」を「八幡宮御前」という神に祀り直したものと思われる。三三年の年忌が済めば、ホトケ（死者）は神になるという言い伝えは、全国的に聞くことができる。熊本市河内町塩屋の津波供養碑でも、「津波供養祭」として供養が宮司によって行なわれていることと併せて考えてみたい事例である。

八幡宮御前の祭日。後ろの石碑が「寄り人様」（16.4.1）

　さらに、同有明町内の下津江《しもつえ》にある、寛政の津波と関連する地蔵は、昭和五一（一九七六）年に建てられたことがわかるが、台座には、寛政の津波を記した碑文の後半に、次のように刻まれている。

「爾後百八十余年非業ニ果て　萬霊今尚安ラガザルガ如ク　怨訴ハ化シテ　シバシバ交通事故を惹起セント　郷人此処ニ於テ無縁霊ヲ地蔵尊ヲ建立ス」

ここでも交通事故を、建立から一八四年前に津波で亡くなった者の「怨訴」を原因とする感性が伝えられていた。災害などによる異常死が祟るものであるという言い伝えも全国的であるが、「寄り人様」も当初はそのような理由で建てられたものと思われる。

災害による死者に対して可哀想だから祀ったものとだけ考えるのは、近代的なヒューマニズムに捉われたもので、一面的な見方であろう。いずれにせよ、死者を祀ることで災害の記憶が後世に伝えられるものであるからには、このような伝承にも、深く目を向けていかなければならないものと思われる。

さらに、津波の到達地点を示す石を「波先石」としている論稿（注7）では、ほかに熊本市松尾町梅堂と、宇土市三角《みすみ》町大田尾《おおたお》の「津波境」と「津波」の文字が刻まれた石を挙げている。

また、熊本県玉名市横島町横島には「津波石」として記念碑が建てられている。この場合の「津波石」とは、通常に思われているような、津波によって海から陸へ上がった石のことではなく、津波が行き届いたところにあった、崖に突出していた大岩のことを指している。つまり、津波浸水線上にあった石（「波先石」）のことであり、横島の村人たちによって「津波石」と呼ばれていたという（注8）。昭和五二（一九七七）年に災害防除工事のため、この大石が取り除かれ、翌年に横島町の「憩いの家」に持ち運ばれ、一月に「津波石」と金字で刻まれ、現在に至っている。この事例からは、「津波」という言葉が古くから口頭においても伝えられており、「津波境」の石も含め、とくに「波先石」に「津波」という言葉が使われていたことがわかる。

「津波石」(熊本県玉名市横島町、15.4.18)

四国地方の津波関係碑

四国地方の津波関係碑については、毎日新聞高知支局が平成一四(二〇〇二)年に発行した『歴史探訪　南海地震の碑を訪ねて—石碑・古文書に残る津波の恐怖』が、一般向けの充実した報告書として詳しく述べられている。とくに、日本石仏協会理事の岡村庄造による石碑ごとの拓本と翻刻のある「資料篇」を掲載していることが評価できる。ただし、この書で扱われている「石碑」とは、玉垣や台座、個人の墓に刻まれたものまで含んでいる。そのため、「資料篇」に載っている扁額などについての記録については、本節では扱わないことにする。

それらの資料のうち、推測に近い中世の津波関係の碑文を除くと、徳島県では二〇基で、そのうち宝永四（一七〇七）年の津波が二基、安政元（一八五四）年の津波が一五基、昭和二一（一九四六）年の津波が三基である。高知県では、三二基のうち、宝永が三基、安政が一七基、宝永と安政の同時記載が一基、昭和が一〇基建てられている。圧倒的に安政地震津波に関わる碑が多いが、同時記載も含めると、宝永の津波碑は両県併せて六基のうち、津波があった間もなくに建立されたのが三基だけで、残り三基は、後の災害時などに改めて建立されたものである。

とくに、宝永と安政の津波に関わって、それが劇的な出来事を表すことになったのは、高知県須崎市の大善寺に、安政三（一八五六）年に建立された「寶永津浪溺死之塚」である。

「此塚ハ昔寶永四年丁亥十月四日大地震して津浪起り須崎の地にて四百餘人溺死し池の面に流れ寄り筏を組か如くなるを池の南地に長き杭を二行に掘り死骸を集め埋め在しを今度百五十年忌の弔に此處に改葬するもの也其事を営まんとする折しも安政元年甲寅十一月五日又大ゆりして海溢しける…」

つまり、宝永四（一七〇七）年の津波の犠牲者を、一五〇年後に当たる年（一八五七年＝安政四年）へ向けて改葬する準備をしている三年前に、再び津波に襲われたことが記してある。そして、この二つの津波をはじめとして、過去の津波を見渡した碑文が多いのも、四国地方の津波関係碑の特徴ともいえる。たとえば、同じこの碑には、続けて次のように刻まれている。

「昔の事を傳聞且記録もあれハ人々思ひ當りて我先にと山林に迯登りけれハ昔の如く人の損

しハ無りし也惟其中に船に乗り沖に出んとして逆巻浪に覆され三十餘人死たり痛ましき事也何なれハ衆に洩て斯ハせしそと云に昔語の中に山に登り落くる石にうたれ死し沖に出たる者恙《つつが》なく帰りしにと云事の有を聞誤認しもの也早く出て沖にあるハしらす其時に当りて船出する事ハ難かるべし誡《いまし》むへき事にこそ…」（注9）

ここには、船の「沖出し」についての戒めが記されているが、とくに宝永四年の津波の際の「昔語り」を信じ、山は石が落ちてくるので危険であり、沖は安全であるという言い伝えに従ったために、沖出しした三〇数人が亡くなったことが述べられている。いわゆる、今日にも通じるような、過去の津波の伝承と今後の減災についての難しさが、すでに露呈しているといえよう。碑文の最後には「是等百五十年以來二度迄の例しなれハ考にも成へきなり」とあり、宝永四年と安政元年との約一五〇年を経た、二度の体験を合わせてこそ、高い知見を得たということが記されている。

津波が来るたびに、過去の津波と比較し、その期間を津波の周期として捉え、次の津波を警戒することも、この地域の特徴である。たとえば、黒潮町大方《おおがた》に建立されている安政元年の津波記念碑には、「安政元甲寅十一月四日春々奈み來同五日七ッ頃大ぢ志ん大しお入浦一同リウしつ是よりさき百四十年より五十年まで用心春べ志」と記されている（注10）。一一月四日の「春々奈み（すず波）」の前兆があった翌日に、地震と「大しお」（津波）が来襲したことを記した後、この年から一四〇～一五〇年後に再来襲する可能性を促している。この周期時間をどのように計算したかというと、それはどうやら安政元(一八五四)年以前の大津波である宝永四(一七〇七)年の津波を定位して、その津波以降から安政元年までの一四七年間を意識していたようである。

同様の考え方は、昭和二一(一九四六)年の南海地震津波のときにも見られた。石碑ではないが、高知県中土佐町上ノ加江《かみのかえ》で、昭和の津波の後、子孫に伝えることを第一義として書かれた「戊ノ大変記録書」には、その末尾に、次のような文面が読まれる。

「昔ヲ思ヘバ安政元年ノ戊ノ大変ヨリ九十三年目ト古イ人ガ申スル九十年百年ニ当ル時ノ若者ハ特に覚悟スルガ宜敷イ」(注11)

この文書からは、安政元(一八五四)年から昭和二一(一九四六)年までの九二年を計算した上で、この年(昭和二一年)から九〇~一〇〇年後の子孫に宛てて警告したことが理解される。つまり、大方の記念碑では、宝永から安政までの一四七年間を捉えて、一四〇~一五〇年後に注意を促したように、上ノ加江の「戊ノ大変記録書」では、安政から昭和までの九二年間を見定めることで、九〇~一〇〇年の後を意識させているのである。いずれも、一〇年間の誤差を含めて伝えているが、高知県においては、人間の一生で出遭うか出遭わないかの津波の周期であったがゆえに、子孫に伝えておくという意識が高かったものと思われる。

津波関係碑のなかには、上ノ加江のこの文書のように、津波で亡くなった個人の墓の四面にその津波の状況と子孫への警告を刻んでいる例もある。たとえば、高知県土佐清水市の中浜峠にある墓地の池家《いけ》の墓がそうである。この墓碑では安政元年だけでなく、宝永四年の津波の状況も記し、宝永のときの教訓として「大地しんの時火ヲけし家ヲ出ルコト第一也家にしかれ焼死者多」とあり、安政元年（碑文では同年の「嘉永七年」と表記）においては、「前日より潮色にごり津波入並ニ井ノ水にごる或ハ干かレル所モ有兼テ心得ベシ」と記している（注12）。墓の建立者は子孫へ伝える目的で刻んだとはいえ、墓地という、各家の墓参りのときには必ず人目に触れる立地条件を考えると、開かれた家の伝承として、集落の伝承としても成功していたものと思われる。

また、高知県黒潮町大方に建立されている安政元年の津波記念碑には、「春、なみきたるときハふね十丁者加りおきへ加けとめ申事甚よし」とあり、これは地震の予兆ともいえる「春、なみ」が来たときには、「十丁」（約一キロ）沖へ船がかりをしておくことが望ましい旨が記されている。これは「すず波」の場合の、船の沖出しを正当化しているわけだが、この安政地震における前日の兆候については、紀伊半島の津波関係碑を扱った折に、もう一度触れてみたい。

墓の側面に刻まれた津波の警告（高知県土佐清水市中浜、13.5.17）

一般的には、前述した須崎市の大善寺にある「寳永津浪溺死之塚」に、

「早く出て沖にあるハしらす其時に当りて船出する事ハ難かるへし誡むへき事にこそ」と記され、津波の来るタイミングに合わせて、船の「沖出し」を行なうべきことを述べている。同じ高知県土佐市萩谷に建立されている、安政元年の「萩谷名号碑」には、「狼狽《あわて》て船にのりなとせるハ流死の数を免れず」とあり、「沖出し」について明らかな戒めの言葉を記している（注13）。また、徳島市南沖洲の蛭子神社境内の「百度石」にも、安政の大津波の後に「津波來ると騒ぐ聲におとろき舟に乗しはおし流され危きを助り又舟覆りて命を失ふも有必ふねには乗へからす」と記されている（注14）。総じて、地震後の船の「沖出し」は危ないこととされていたのである。

紀伊半島の津波関係碑

紀伊半島も、四国地方と同様に、津波関係碑は、宝永四（一七〇七）年の地震津波と安政元（一八五四）年の南海地震津波に関する碑が大半を占め、安政の碑が圧倒的に多い。和歌山県内では、宝永が三基、安政が一〇基、昭和二一（一九四六）年の南海地震津波が四基、この津波と合わせたチリ地震津波碑が一基の計一八基が存在する。ただし、昭和南海地震で被害の多かった田辺市新庄町では、東日本大震災後の平成二四（二〇一二）年に宝永地震の碑を建てており、同様に昭和四七（一九七二）年に安政南海地震の津波碑が建てられ、これらは、いずれも建立年ではなく、碑の対象の津波に分類した。なお、昭和南海地震の津波潮位標柱は県内に多く建てられており、その田辺市新庄町だけでも七基、白浜町で五基、串本町だけで一八基の標柱が建てられている。安政南海地震の津波潮位標柱は、田辺市新庄町に一箇所だけある。

三重県では、和歌山県と同様に、宝永四年の地震津波と安政元年の南海地震津波に関する碑がある。ただし、昭和は二一年の南海地震津波ではなく、それより二年前の一九（一九四四）年の東南海地震津波の被害が大きかった。宝永が三基、安政が七基、宝永と安政の同時供養が一基、昭和が五基の計一六基が見られる。また、三重県には、和歌山県で見られるような津波潮位標柱などをまとめて見ることはできないようである。

昭和の津波は、紀伊半島でのそれぞれの被害の大きさから、和歌山県では昭和二一年の南海地震津波、三重県では昭和一九年の東南海地震津波と、その津波関係碑が分かれることになるが、安政南海地震津波の状況に関しては、四国地方の高知県の事例と共通する部分がある。

たとえば、和歌山県湯浅町の深専寺《じんせんじ》にある、安政元年の「大地震津なミ心え之記」のなかには、次のような碑文が読める（傍線は引用者）。

「同年十一月四日晴天四ッ時大地震凡半時ばかり瓦落柱ねぢれたる家も多し川口よた来たることおびたゞしかりしかとも其日もことなく暮て翌五日昼七ッ時きのふよりつよき地震にて未申のかた海鳴こと三四度見るうち海のおもて山のごとくもりあがり津波といふやいな高波うちあげ北川南川原へ大木大石をさかまき家藏船みぢんニ砕き高波おし来たる勢ひすさまじくおそろしなんといいはんかたなし」（注15）

この碑文では、一一月四日の安政東海地震のときの「よた」と、翌五日の安政南海地震の「津

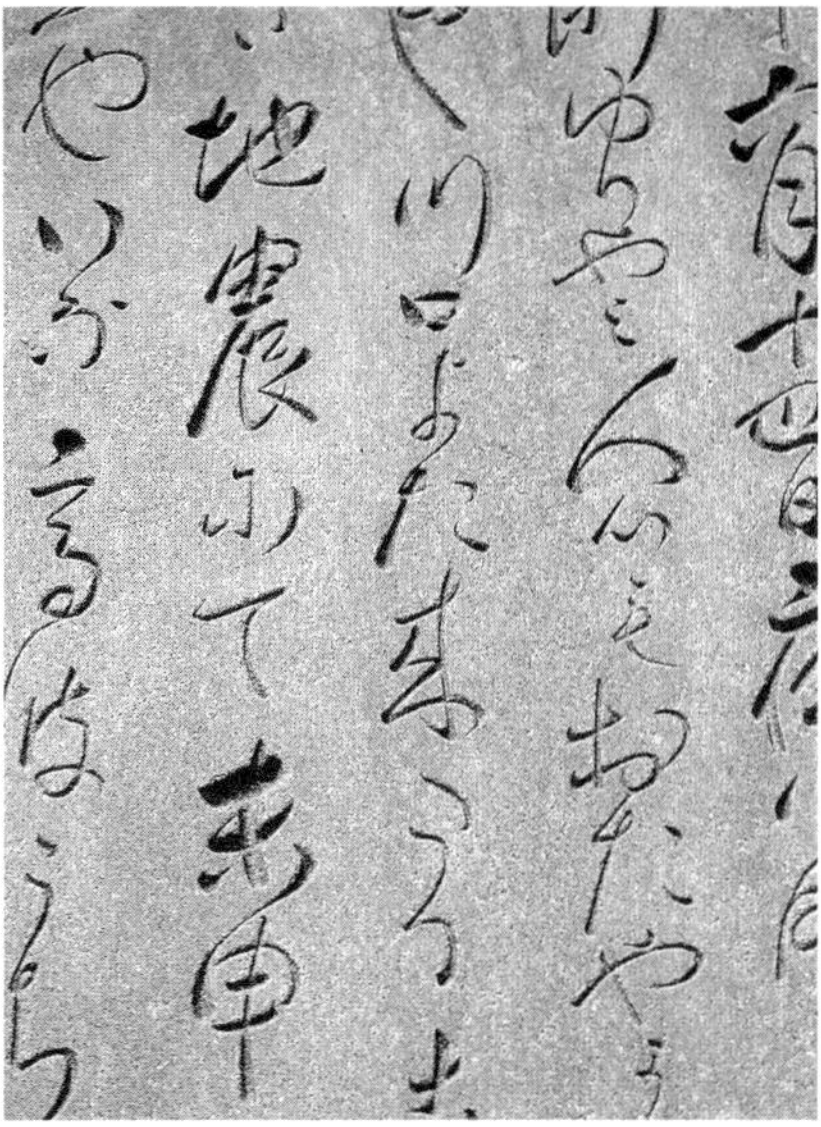
「川口よた来たる」と刻まれた津波碑（14.12.3）

波」とを使い分けている。この「よた」と「津波」は、高知県黒潮町大方の碑文の、四日の「春々奈み」と五日の「大しお」に当たる言葉である。いずれも、科学的な意味での「津波」に該当する。「よた」に関しては後述するが、碑文にも表れている表現として記憶に留めておきたい。また、この「大地震津なミ心え之記」にも、過去の津波の体験を絶対化しないことを戒めている箇所がある。

「又昔よりつたへいふ井戸の水のへりあるひハにごれハ津波有へき印なりといへれどこの折には井の水乃へりもにごりもせざりしさすれハ井水の増減によらずこの後萬一大地震ゆることあらハ火用心をいたし津波もよせ来へしと心えかならず濱邊川筋へ逃ゆかず深専寺門前を東へ通り天神山へ立のくべし」

つまり、これまでの言い伝えでは、井戸の水が減り、濁ることなどは、津波の前兆とされていたのだが、安政元年の津波においては、そのようなことがなかったので、とにかく大地震の折には、山手の方へ逃げることが肝要だと記されている。

さらに、舟の沖出しに関しては、和歌山県美浜町浜ノ瀬の「津浪之紀事」の碑に、安政元（嘉永七）年の津波に関して、その戒めの碑文が、次のように記されている。

石垣に刻まれた「津波留」（13.6.7）

「嘉永七寅年霜月の大地震徒々《つつ》いて津浪起り来れり初め地震を避んとて舟に乗り川中に浮び居し輩沈没せし事歎はしよつて後世の為に其あらましを録し畢ぬ」（注16）

三重県に入ると、和歌山県のような津波潮位標柱は見当たらないが、浸水線に建てられたり、あるいは浸水線上にある石造物に刻まれたりした例がある。

たとえば、南伊勢町贄浦の最明寺の「宝永地震津波供養塔」には、次のように刻まれている（傍線は引用者）。

「宝永四丁亥冬十月四日午刻大地震之後高汐漲起当浦家不残流失而男女六十人計溺死也今此経塚之所迄波到也後来若有大地震者必可知高浪

来也為後鑑記焉」（注17）

熊野市の新鹿《あたしか》にも、家を囲む石垣に、津波がここまで来たという「津浪留」が刻まれ、「嘉永七年寅十一月四日五ツ時濱辺より凡三丈上ル」という文字も読める（注18）。宝永の津波でも、安政の津波においても、浸水線を意識した津波記念碑が刻まれていたわけである。

なお、三重県には、新田康二による自然災害関係の墓碑や石地蔵も含んだ、ていねいな調査報告があり、それは『いのちの碑～地震碑・津波碑・遺戒碑・供養碑・墓碑等～』というパンフレットで、一〇〇基を扱って、まとめている（注19）。

伊豆・房総半島の津波関係碑

伊豆半島で見られる津波碑は、他地域と比べると、それほど多くはない。

まず、元禄一六（一七〇三）年一一月二三日に起こった、震源を房総半島の南端の野島崎とする地震（M七・九～八・二）による津波で、伊豆半島東岸や相模湾、房総半島で被害が集中した。この年の二月に、「忠臣蔵」などの作品で名高い元赤穂藩の浪士四六名が切腹しており、浪士たちの恨みで起こった地震とされていたが、このことは、当時の災害観を知る上で重要である。このときの元禄津波の碑は、静岡県伊東市に三基が建立されている。

ほかに、下田市に安政津波の津波塚が二基、伊豆市八木に一基、伊東市の元禄津波の碑を含め、いずれも寺院の境内や山門前に建てられている。

たとえば、本書のⅡの四でも紹介した、静岡県伊東市の行蓮《ぎょうれん》寺には、元禄一六（一七〇三）年の地震津波の記念碑が建てられているが、次のような文面が読める（傍線は引用者）。

「伝聞寛永十癸酉年正月十九日大地震之時河井水乾海面潮退五六町魚在沙上数多也壮父走取之帰陸後津波漸来民屋漂破溺死者両三人今正当七十一年今又然哉與否哉隣家互音問臨河井水不乾窺海上潮不退而津波俄来周章騒動難逃走家屋漂流溺死者大凡及三百八十余人運命尽期乎将□前世之宿因所感乎今正當六十年天運循環無不往復願い後人為令逅腹轍之□記」（注20）

つまり、元禄一六年の津波の一つ前の津波は、寛永一〇（一六三三）年に起きたが、川や井戸の水が乾き、海も引いた後、津波が少しずつ上がってきた。しかし、今度の津波は、川も井戸も水が乾かず、海水も引かず、津波は俄かにやって来たという。寛永の津波には、死者が二～三人に比べ、今回の元禄の津波では死者は三八〇余人と、はるかに上まった。このように、二つの津波の様子をていねいに比較することで、津波に対して、暗にマニュアル化できないことも諭している。

また、二つの津波のあいだは七〇年であるが、文末に「天運循環、往きて復らざるなし」という漢書の『大学』から引用することで、「天運というものはぐるぐると循環するもので、行って帰らないというものはない」という意味のことを伝えている。つまり、「今正當六十年天運循環」と記されているように、およそ六〇年を周期として、津波が襲ってくるという認識の仕方を意味している。

房総半島も伊豆半島同様に、元禄一六（一七〇三）年一一月二三日に起こった津波関係を主とする。二八碑が内房の東京湾沿いの千葉県勝山町から、外房の同県山武市成東まで分布している。房総地域の津波碑の特徴を概観すると、①津波に関しては「記念碑」ではなく「供養碑」が多いこと、②碑面が「南無妙法蓮華経」であり、日蓮宗系寺院が多く関わっていること、③節目の年の回忌を行ない、その度に石碑を建てていること、④「千人塚」や「百人塚」のかたちで供養をしているところがあること、などが挙げられる。ほかにも、この地域には、鴨川市前原の「津波避難丘」など、減災に直結する史蹟も多い。ただし、この房総半島から三陸沿岸にかけては、西日本の津波関係碑から読まれるような、過去の津波との比較や、細やかな津波の描写が少なくなってきていると思われる。

三陸地方の津波関係碑―比較の視点を交えて

三陸沿岸は、近代に入ってからでも、明治二九（一八九六）年、昭和八（一九三三）年、昭和三五（一九六〇）年、そして平成二三（二〇一一）年の東日本大震災による大津波を含めて四回の津波に襲われている。

それらの津波に関わって建立された記念碑や供養碑は、東日本大震災を除くと次頁の表のとおりである。この表を見るかぎり、昭和八年の碑が半数近くを占めている。なお、明治の津波関係碑は、どちらかといえば「津波記念碑」より「津波供養碑」の方が多い。

東北３県の津波関係碑分布数

県名	明治29	昭和８	明治･昭和	昭和 35	江戸時代	不明	計
青森		7				1	8
岩手	114	84	12	7	3	6	226
宮城	10	66		5		1	82
計	124	150	12	12	3	8	316
%	39.60%	48.50%	4.10%	4.10%	0.90%	2.80%	100%

（北原糸子「東北三県における津波碑」「2014」より編集作成）

ところで、明治三陸地震津波のときには死者約二二、〇〇〇人に対して、津波関係碑は一二四基であった。それに比べて、昭和三陸地震津波のときの死者二、六七一人であったが、津波関係碑は一五〇基と異常に多い。これは、ほとんどが朝日新聞社の義捐金の一部を用いて、市町村を経由して浜々に建立させたものであり、近代の「津波記念碑」の特徴を示す典型的な事例である。

西日本などの近世の津波関係碑は、それが後世への訓戒などを示す、津波記念碑を意味するとしても、「記念碑」という表題が刻まれることは少なかった。

たとえば、徳島県海部《かいふ》町鞆浦《ともうら》の安政地震津波の碑として「鞆浦海嘯記」が建っているが、「海嘯記」であっても「海嘯記念」ではない。「記念」の文字が近代から使用された言葉であることがわかるが、この言葉は今回の東日本大震災のモニュメントには、逆に使用されにくいニュアンスをもってしまっている（注21）。

ここでは、これまで述べてきた各地域の特徴などを踏まえ、比較の視点を交えながら、津波の語彙、周期など、津波に対する捉え方について、三陸沿岸の津波関係碑の特徴を見出していくこととする。

雪の降り積もったなか、昭和の津波記念碑の前で行なわれた「慰霊祭」(16.3.3)

まず、表にあるように、「一生に二度、津波に遭う」と伝えられている津波「常習地」である三陸沿岸においては、近世に建立された津波記念碑や供養碑が極端に少ないことが挙げられる(注22)。

これらの津波関係碑のなかで、昭和八年の三陸津波以降、毎年、津波のあった三月三日に津波記念碑の前で「供養祭」を行なってきたのは、岩手県普代村や同県洋野町八木などである。八木では、この津波で二〇〇名ほど亡くなっているが、当時、築港工事で滞在していた村外の者もいたことが、供養を続けてきた大きな要因の一つであったと思われる。

三陸沿岸の津波関係碑に刻まれた文字は「津波」や「海嘯」が多い。しかし、三陸地方では「津波」を指す言葉の以前は「ヨダ」という言葉があったことを、吉村昭が『海の壁—三陸海岸大津波』（一九七〇）のなかで述べている。吉村は、岩手県下閉伊郡田野畑村の早野幸太郎氏から「津波という言葉が使われるようになったのは、明治二十九年の大津波の時からだ」と教えられている。

ただし、岩手県田老町（現宮古市）役場総務課発行の『津波と防災』に、宮古湾の奥で昭和三五年のチリ地震津波のことを「よだのでっけえやつ」と語った漁師の記録として、「よだってのは、地震もなく、海面がふくれ上って、のっこ、のっこ、のっこと海水がやって来てよ、引き潮の時がおっかねえもんだ」という言葉を引用している（注23）。また、吉村の著書とは別に、「三陸沿岸では、昭和三十五年のチリ地震津波のように、遠くで発生しヨタヨタと押し寄せてくる津波を「ヨダ」とも証している」という例が、岩手県の種市町（現洋野町）にもあった（注24）。さらに、同県の田野畑村では、海水が陸上に侵入してくる異常現象を、「津波」と「ヨダ」に分けている。すなわち「ヨダ」とは、「震源地が遠く地震は無いが波動が伝わってきて、海の水位が高まり、膨れ上がった海水が比較的緩やかに、陸上へ侵入してくる」現象を指しており、当地で「ヨダ」は「ノッコノッコと来る」と表現されている（注25）。

この「ヨタ」の語彙は、和歌山県湯浅町の深専寺にある安政元年の「大地震津なミ心え之記」の碑文に刻まれているが、高知県黒潮町大方の同じ津波の碑文に表わされている「春々奈《すすな》み」と合わせて鑑みるかぎり、やはり、勢いのない津波のことと考えてよいだろう。民俗語彙としては、伊豆七島の三宅島の浅沼徳廣さん（昭和一二年生まれ）からお聞きした「ヨタ」は、シオの流れと風の向きが逆のときに、海面に泡が立っているように見える状態のことのことを指すといい、「ヨタが出ているから漁は控えよう」などと語られたという（注26）。以上の事例から考え合わせれば、「ヨダ」または「ヨタ」とは、津波のなかでも、比較的に力のない津波のことを指しているのではないだろうか。

さて、なぜ三陸沿岸においては、近世の津波関係碑が少ないのかということであるが、実際に津波が少なかったというわけではない。近世の三陸沿岸においては、慶長一六（一六一一）年の慶長三陸津波、寛政五（一七九三）年の寛政南三陸沖地震津波、安政三（一八五六）年の安政八戸沖地震津波などがあったが、この折に建立された津波関係碑は見当たらない。

この点が近世の津波関係碑が多い西日本との相違点であるが、いくつかの要因は考えられる。たとえば、三陸沿岸の近世の津波による被害（とくに死者数）は、近代のそれに比べると、相対的に多くないこと。あるいは、「庚申供養塔」などの信仰関係の碑に比べて、津波関係碑を建てる文化的素地がなかったこと、また、石碑を建てる経済力なども一応、要因としては押さえておくべき事項と思われる。しかし、ここでは、まったく別な視点から考えておきたい。

前述したように、高知県の近世の津波関係碑においては、とある津波の直後に建立された碑であっても、碑面にはその津波のことばかりではなく、それ以前の大津波があった年からの年数を計算した上で、さらにその周期でやってくると思われる次の津波を警告しているが、三陸沿岸では明治と昭和の津波が並んで建立されていることがあっても、そのような碑文は少ない（注27）。

高知県では、人間の一生で出遭うか出遭わないかの津波の周期であったがゆえに、子孫に伝えておくという意識が高かったものと思われるが、逆に、津波常習地である三陸沿岸においては、津波は一生に二度遭うと伝えられ、そのことは、口頭伝承において親から子へ伝えることが可能な伝承状況であったことも認識される（注28）。つまり、三陸沿岸においては「一生に二度遭う」ということが、津波の周期についての捉えかたであった。しかし、この表現とても、明治三陸大津波の三七年後に再び襲来した、昭和三陸大津波以後に語られ始めた、ある種、新しい伝えられかたかもしれないのである。

三陸沿岸の津波関係碑には、被害記録にも似た事実の描写と標語は見られても、たとえば西日本に見られるような、舟の沖出しに対する警告などは、まったく刻まれていない。口頭伝承では、三陸沿岸でも、舟の沖出し（どちらかといえば、それを推奨している）については語り伝えているのであるが、石碑に刻まれることはなかった。つまり。西日本の近世の津波関係碑に見られるような、具体的な津波の描写と警告とが、三陸沿岸の近代の津波関係碑には刻まれることはなかった。明治三陸津波の記念碑のような漢文体の感慨表現か、昭和三陸津波のような被害記録と標語が主であった。その理由の一端も、具体的な津波の様子や注意すべきことは、口頭でも伝えることが可能だったからであると思われる。自然災害の頻度と、記録という伝承意識とは比例しているようにに見えていて、実際は複雑な様相を呈しているようである。

津波の周期に関していえば、静岡県伊東市の行蓮寺の、元禄一六年の地震津波の記念碑においては、「今正當六十年天運循環」と記され、六〇年周期説であった。自然災害を六〇年の周期と捉える考えかたは、やや一般的に見られ、そのことについては、前節で述べているので参照にされたい。ただし、ネズミの異常発生という一種の自然災害についても、ササの開花結実と異常発生とが切り離すことができないことから、この災害も、六〇年目に花が咲くササの開花結実という周期に従っており、そのような伝承が多かったことがわかる（注29）。

その一方で、三陸沿岸では、自然災害ではなく、「大漁」を六〇年周期説で捉えていた事例があることは前節で述べたとおりである。つまり、津波も大漁も、大きな回帰的な時間のなかで到来するということ、言い換えれば、人々は海からもたらされる幸も不幸も繰り返しやってくるという捉えかたをしていたものと思われる。

おわりに

これまで、列島各地の津波関係碑を概観し、各地域の特徴のある碑を読み、比較を繰り返しながら、被災した人々の、津波に対する考えかたを捉えようとしてきた。

「津波」を意味する言葉の碑文における表記や、津波をある周期をもって捉えていたことなどは、幾分、整理することができたと思われる。次の課題としては、津波関係碑が建立されている場所や、それが碑群のなかにある場合には、どのような種類の碑のなかにあるか、などが重要な分析対象に成り得ると思われる。また、そもそも、その碑との人々の日常的な関わりなども、聞書き調査を通して探る必要があり得るだろう（注30）。

現在、この種の津波関係碑の前で、津波のあった日に供養を行なっているのは、岩手県の普代村の普代と大田名部と同県洋野町八木、熊本県熊本市河内町塩屋、同県天草市有明町小島子鯨道などにおいて見られる程度である。

本節では、津波記念碑と津波供養碑を含めて「津波関係碑」という用語で述べてきたが、この「供養碑」と「記念碑」の区別も、今後は、丁寧な腑分けをしながら考える必要があるだろう。「供養碑」と「記念碑」とは、その建立の趣旨が若干、相違するが、その趣旨からは離れ、月日が経つにつれて、その区別が曖昧化することなどは、碑面の文字データだけからでは分析することはできない。ちなみに、先の供養が実際に行なわれているところでは、普代村と洋野町八木が碑文から読めば「記念碑」、熊本市河内町塩屋と天草市有明町小島子鯨道は明らかに「供養碑」である。

カタカナで刻まれた津波碑。左へ向かって昭和と明治の津波碑が並んでいる（16.3.3）

また、碑群のなかの位置から、その碑のもつ意味が見えてくる事例として、最後に岩手県の田野畑村の例を挙げておく。田野畑村島越《しまのこし》には、昭和一五（一九四〇）年に建立された、カタカナで標語が刻まれていた碑が見られる。標語は五つあり、「ヂシンガシタラバユダンスルナ」、「ヂシンガアッタラタカイトコロニアツマレ」、「ツナミニオハレタラタカイトコロニアガレ」、「チカクノタカイトコロヲヨウイシテオケ」、「オカミノサダメタヤシキチヨリヒクイトコロニイエヲタテルナ」とあり、他の三陸沿岸の被災地に建てられているような、標語を中心とする碑文の内容であり、これらの標語の上部に、向かって右から左へ横に「すべて」と刻まれている。昭和八年の津波から七年後の、皇紀二千六百年を記念して建立されたらしく、裏面には「當浦」（島越）の「熊谷門介」と「工藤良介」の二人の名前が読める（注31）。

ところが、その碑に向かって左隣に建っているのが、昭和八年の朝日新聞社の義捐金で建てられた、いわゆる「津波記念碑」である。上部に横書きで「昭和八年」「津浪記念碑」と、二行に渡って標題を示し、その下に縦書きで三行に渡り「大津浪く丶りてめげぬ」「雄心もていざ追ひ進み」「参い上らまし」という、当時の石黒英彦岩手県知事によって作られた「復興の歌」が刻まれている。島越の人々が「かつては毎年三月三日（昭和八年の大津波が発生した日）に、このモニュメントの前で小学生が「津浪の歌」を歌っていた」（注32）というのは、おそらくこの碑の前であろう。

「復興の歌」が刻まれている津波記念碑は、他に岩手県の唐丹村にも数基見られるが、他の多くは次の津波に対する標語が多い。おそらく、この「復興の歌」では物足りないと思われた島越の有志が、七年後に「すべて」という標題の碑を建て、誰にでも読めるカタカナ表記を採用したものと思われる。一つの碑文の分析だけではなく、碑群の中の位置から、その意味を読み取る方法も大事であることの事例を紹介してみた。

以上のように、列島の津波関係碑を概観するかぎり、碑を建立した時点での、メディアやリテラシーのありようも、大きな影響を与えていると思われる（注33）。それは、今後の課題として残されるが、量的な把握やデータだけの収集で終わらせることなく、津波関係碑の建っている現場に立ち、現地の人々のそれらの扱い方などをとおして、その意味や価値を探るという質的な調査は、これからも必要になってくると思われる。

注1 北原糸子『津波災害と近代日本』（吉川弘文館、二〇一四年）一四四～一四七頁
2 都司嘉宣・日野貴之「寛政四年（一七九二）島原半島眉山の崩壊に伴う有明海津波の熊本県側における被害、および沿岸遡及高」『地震研究所彙報』（東京大学地震研究所、一九九三年）九一～一七六頁
3 二〇一五年二月一一日、熊本県玉名市岱明町扇崎にて実地調査
4 二〇一五年二月一一日、熊本県熊本市河内町船津にて実地調査
5 二〇一五年四月一八日、熊本県熊本市河内町塩屋の川越光則氏（大正一二年生まれ）より聞書
6 二〇一五年一二月二四日、熊本県天草市有明町小島子鯨道の宮下馨さん（昭和一〇年生まれ）より聞書

7 堀川治城「眉山大崩壊と津波災害」『熊本地学会誌』（熊本地学会、一九八七年）一二頁
8 横島の「津波石」の台座に記された「由緒」より。二〇一五年四月一八日、熊本県玉名市横島町横島にて実地調査
9 二〇一三年九月二一日、高知県須崎市にて実地調査
10 二〇一三年二月二五日、高知県黒潮町大方にて実地調査
11 高知県中土佐町上ノ加江の矢野すずみ氏所蔵。なお、この「戌ノ大変記録書」の翻刻と解題は、本書Ⅲの四の「津波伝承と減災」を参照のこと。
12 二〇一三年五月一七日、高知県土佐清水市中浜にて実地調査
13 二〇一三年八月二三日、高知県土佐市宇佐にて実地調査
14 二〇一四年三月二七日、徳島県徳島市南沖洲にて実地調査
15 二〇一四年一二月三日、和歌山県湯浅町にて実地調査
16 二〇一四年一二月三日、和歌山県美浜町浜ノ瀬にて実地調査
17 二〇一三年六月七日、三重県南伊勢町贄浦にて実地調査
18 二〇一三年六月七日、三重県熊野市新鹿にて実地調査
19 新田康二『いのちの碑～地震碑・津波碑・遺戒碑・供養碑・墓碑等～』（私家版、二〇一四年）
20 二〇一四年五月一九日、静岡県伊東市にて実地調査
21 目時和哉は「石に刻まれた明治29年・昭和8年の三陸沖地震津波」（『岩手県立博物館研究報告』第30号、二〇一三年）のなかで、「津波記念碑」という言葉を使用する場合、「記念」に捉われてしまい、そのほかの多様な意義が抜け落ちてしまうので、「近代津波モニュメント」として捉えることを提唱している（同報告書、三三頁）。つまり、「津波記念碑」という

表題に捉われることなく、「記念」という言葉そのものを対象化する必要があることを述べたものである。

22 昭和八（一九三三）年の三陸津波の後に、三陸沿岸を踏査した民俗学者に山口弥一郎がいるが、彼の『津浪と村』（一九四三）という著書では、三陸沿岸を、津波「常襲」地とは捉えずに、津波「常習」地という漢字を当てて捉えている。この時代には「常習」という言葉だけで「常襲」という意味も含まれたのかもしれないが、「常襲地」は「被災された」という、受動的な意味合いだけが濃厚な言葉であり、それに反して「常習地」の「習う」は「慣れる」にも通じ、津波を生活文化の中に受け入れている積極的な意味合いの言葉であると思われる。それは、三陸沿岸に住む者の心に即した言葉であり、自然に対して無理に対立したり、避けたりすることではなく、飼いならしていく発想でもあった。ただし、三陸沿岸が「津波常習（襲）地」と捉えられるようになったのは、昭和八（一九三三）年の津波以降であり、その一つ前の津波である明治二九（一八九六）年との間隔の「三七年間」が短いものと思われてからであった。

23 吉村昭『三陸海岸大津波』（文春文庫、二〇〇四年［初版は中公新書版『海の壁―三陸海岸大津波』として一九七〇年に出版］）六七～六九頁

24 酒井久男『種市町のむかし探訪』（種市歴史民俗資料館、二〇〇四年）三一頁

25 九里十太郎『明治29年・昭和8年　田野畑の大津波―伝承と証言』（私家版、一九九三年）一五〇～一五一頁

26 二〇一四年九月一三日、東京都三宅島の浅沼徳廣氏（昭和一二年生まれ）より聞書

27 たとえば、前節で述べた岩手県大船渡市三陸町吉浜の昭和三陸津波の記念碑には、「三四十年経てば津波が来ると思へ」とあり、この数字は、明治と昭和の津波の間の三七年を指し

ている。

28　星野博美も『コンニャク屋漂流記』（文藝春秋、二〇一一年）のなかで、千葉県御宿町岩和田出身の星野の先祖たちによる元禄一六（一七〇三）年の津波の伝承のありかたについて、「漁師でなかった母の家では、海が原因で多くの人命が失われることが日常的ではなかったため、津波の恐怖が代々伝承された。一方、漁師であるコンニャク屋の人たちにとって、海で人が死ぬのは日常だ。たとえ津波で多くの人命が失われたとしても、それを日常の延長としてとらえ、その恐怖が特別な形では伝承されなかったのではないだろうか」（文春文庫版、二〇一四年、二一〇〜二一一頁）と述べている。

29　宇田川竜男『ネズミ―恐るべき害と生態』（岩波新書、一九六五年）一一〜五頁

30　白幡勝美と佐藤健一は『気仙沼市における明治・昭和三陸津波関係碑（供養碑・記念碑・境標柱）』（私家版・二〇一四年）のなかの聞書きで、「「少女の頃、この小鯖湾で泳いだが、泳いだ後はこの碑に濡れた髪を押し付けて髪を乾かした。当時はドライヤーなんかなかったので」とのことであった。（中略）それにしても、多くの少女たちの長い髪を乾かした楽しい想い出を持つ幸せな震嘯災記念碑が我々の郷土にあったのである」（三五頁）と述べている。このような、何気ない日常の記憶こそが、津波関係碑のことを思い出す手立てになっている。

31　二〇一五年五月二九日、岩手県田野畑村島越にて実地調査

32　目時和哉「石に刻まれた明治二九年・昭和八年の三陸沖地震津波」（『岩手県立博物館研究報告』第30号、二〇一三年）三九〜四〇頁

33　このような論点で自然災害を扱ったいくつかとして、北原糸子『災害ジャーナリズム―むかし編』（歴博ブックレット、二〇〇一年）や、同著『メディア環境の近代化―災害写真を中心に』（御茶の水書房、二〇一二年）などがある。

三、災害伝承と死者供養

はじめに

二〇一一年三月一一日の東日本大震災においては多くの尊い命が犠牲になったが、はや六年目になり、遺族の心のなかも、少しずつ変化しているように思われる。あのときのことを思い出したくないという反面、亡くなった身内や友人とどこかでつながっていたいという思いもあり、自然災害の記憶は、このような二つの引き裂かれた心のあいだを揺れ動きながら培ってきたように思われる。他者からも、あるときは「前を向いて生きよ！」と言われ、あるときには「災害を忘れぬように！」と教訓を受けたりする。この矛盾した心の動きは、人間の「記憶」や「記録」のありかたとも関わってくる。この災害列島に住んできた人々は、どのように災害に向き合い、それを身近な生活文化のなかに留めてきたのか、広く見渡しながら、災害の伝承のありかたを考えてみたい。

生きられた記憶

東日本大震災以降は、自然災害による苦しみを二度と繰り返さないように、「教訓」として後世に伝えようとする動きがあり、とくに五年も過ぎると、はやくも「風化」という言葉を用い始められる。しかし、この言葉を用いているのは、被災者ではなく、被災者以外の人々であることが多い。被災者のなかには、災害を思い出したくないという気持ちも含め、なかなか心のなかで「風化」しないことのほうが問題であるからである。

また、「防災エリート」たちは、やっきとなって「災害を伝えること」に腐心をして、防災意識のない者をあたかも「非国民」のように捉えるが、生活者レベルでは、その災害の伝えかたも自ずから相違してくる。

ところで、文化人類学者の川田順造は、当事者によって黙って「生きられる」文化と、他者に向かって「提示される」文化とを分けて考えているが（注1）、防災エリートたちは後者の「提示する」文化や「提示する」記憶に熱を上げているのであって、「生きられてきた」記憶を問題にしているわけではない。それでは、その生活のなかに生きられてきた記憶とは、どのようなものであろうか。

文学者の戸井田道三の『忘れの構造』という高著は、人間は忘れる生物であることを前提にした哲学的な考察の書だが、人間の生活感覚のようなものを基底においた叙述のありかたをしている。たとえば、次のような一文がある。

「忘れるから一方で社会的身体としての集団が記憶して保存しつつ新しい機能を果すことになる。

今われわれの考えなければならぬことは、その集団的記憶の機能を検討することでなければならないだろう。公共という概念の内容を考えることでもある。逆説めくが伝統は保存ではなく、忘れることによってかえって維持できるものである。生きてる人間は自分を保存するとはいわない」（注2）

戸井田がここで述べていることも、「生きられた文化」に相当する。ただし、「社会的身体としての集団が記憶」する「集団的記憶」を、もっぱら問題にしている。個人にも身体的記憶があるように、社会や集団にも、自然災害などに遭ったときなど、それを記憶する装置が無意識に生まれてくるというわけである。

本節では、以上のような、自然災害をめぐる「生きられた文化」や「生きられた記憶」の事例を挙げながら、その実態を明らかにしていきたいと思う。それゆえ、意識的に災害を伝えようとする、災害の「語り手」の活動などは、本節では扱わないことにする。

伝説のなかの記憶

口承文芸と災害伝承との関わりで、早くに注目されてきたのが、「蛇抜《じゃぬけ》」の伝承と土石流災害との関わりである。長野県南部の木曽地方では、この災害自体を「蛇抜」と呼んでいる。笹森正治の『蛇抜・異人・木霊—歴史災害と伝承』（注3）などは、その貴重な業績の一つである。

また近年は、斎藤純が「法螺抜け伝承」を扱い、「海産の巻貝であるはずの法螺貝が地中に潜み、風雨・土砂崩れといった天変地異とともに抜ける」伝承を扱い、その成果も多い（注4）。

ここでは「蛇抜」という言葉を用いなくとも、大蛇伝説と土石流災害とが結びつく事例を挙げておくに留めたい。

たとえば、岩手県陸前高田市の横田町舞出《まいで》では、昭和二三（一九四八）年のアイオン台風のときに、平栗川が氾濫して下流の四、五軒が流され、三名の死者、一名の行方不明者も出た。その折に、村上ミネ子さん（昭和四年生まれ）は、手伝いに行っていた家の清三郎翁から、百年に一回は川ツナミがあるもので、百年前はウワバミ（蛇が年を重ねて大蛇になったもの）が、海に流れていったと教えられたという。そのときウワバミは、笹の葉を引き裂くような寂しい泣き声を出しながら、流れ去ったそうである（注5）。アイオン台風のような実際の災害の後に、このような伝説が語られるとともに、音（ウワバミの声）による注意を喚起している。

この土砂災害のときは、上流の丸太置き場が流され、丸太が中途で留のようになって濁流を止め、やがてはそれが一挙に切れたことが、災害を大きくしたと言われている。陸前高田市に隣接する、宮城県気仙沼市の名木沢《なぎさわ》では、鉄砲撃ちの名人である門兵衛に撃たれた大蛇が、大雨を降らし、海へ逃れるために、自身を川に横たえて水を堰き止め、その勢いで流れていったという伝説がある。先の例の、丸太が留になってから切れた事実と合わせて考えると興味深い。地名の名木沢のナギ自体が、崩落地形を指している（注6）。

これらの大蛇にまつわる伝説は、過去の土石流災害の記憶を表現しているものであろうが、直接的に過去の自然災害の出来事を伝えているわけではないことから、これも「生きられた文化」

として、なぜこのような表現をとらなければならなかったのかを、深く問い直さなければならないものと思われる。

宮古島の神話的伝承と津波除けの儀礼

次に、列島の南から北へ向かって、儀礼のなかで災害の記憶や記録が組み込まれている事例について報告を重ねてみる。沖縄県の宮古島の「島立て神話」は、大津波の後に女性一人と犬一匹が残り、そこへ漂着した男がやってきて、新しく村を立てたというような「村立て」（村の始まり）を示す話であり、世界各地の「洪水神話」にも通じる伝承でもある。

異説には、女性ではなく七歳になる男子だけが残され、一四〜一五歳のころに、龍宮から舟に乗った女性が浜に着き、夫婦になって七男七女の子宝に恵まれるという話もある。ある日、「むまの按司」と呼ばれたその女性は、私の務めは終わったとして、最後に「三月の酉の日にダティフ（竹の一種）を磯端に挿せば津波の難は逃れます」と夫に教えてから、龍宮へ去っていく（注7）。

この話が、現在でも毎年の三月初めの酉の日に宮古島の城辺《ぐすくべ》町の砂川《うるか》村で行なわれているナーパイ（縄張り）の儀礼の根拠となっている。このナーパイの由来譚は、古くは『雍正日記』（一七二七）、『遺老説伝』（一七四五）、『宮古島紀事』（一七五三）などの旧記にそれぞれ掲載されている話でもある。

二〇一三年四月一三日に行なわれたナーパイについて報告しておくと、午前八時ころ、砂川のマイウイピャームトゥと呼ばれる聖地に建てられた祭祀の小屋に砂川や隣の集落の友利から人々が集まってきた。小屋の中での、女性たちの祈願が始まり、見学者たちも、自分の生まれた干支を告げて、お線香を上げて拝んでいただいた。

女性たちが、ダティフを手に持って、その聖地の丘から下り始めたのは、一〇時三〇分ころからである。彼女たちが小屋を去った後、男たちは、小屋の正面にある石積みを舟に見立てて、神歌を歌いながら舟こぎの真似をする。これは、島立て神話に登場する、龍宮から来た舟だと言われている。

女性たちは、山を下りながら、ところどころの聖地や曲り道、筋交で、ダティフを挿して行く。この竹は、縄を張る杭のことだというが、儀礼のなかでは実際に縄を張ることはない。この女性たちの列の先頭を横切ることはタブーであった。（一八四頁の写真参照）

この見えない縄を張ることによって、陸と海の世界との分断を図るものであり、最後は、浜にまで下りていき、明和八（一七七一）年の大津波で上がった大きな津波石のそばで、クイッチャーという踊りを輪になって踊った。午前中で、このナーパイの儀礼は終了した（注8）。

このナーパイの起源を、明和の大津波と関わらせて語る者もいるが、すでに宮古島の神話的な伝承が津波以前の旧記に記録されていることから、その気遣いはない。むしろ、このような儀礼が、歴史的な災害の記憶の装置や受け皿になって、伝えられているように思われる。

さらに、ナーパイ（縄張り）は津波除けの儀礼とはされているが、本来は津波にかぎらず、災いをムラの外へ追い出す、一種の「道切り」の儀礼に通じるものであったように思われる。列島の南北に見られる「虫送り」の行事にも、その儀礼が近似するからである。

延岡の「伊形花笠踊り」の由来伝承

次に、ナーパイのように儀礼のなかではなく、芸能のなかで津波を祓う所作をするところがある。宮崎県延岡市の「伊形花笠踊り」（宮崎県無形民俗文化財）である。

延岡市伊形《いがた》（旧名は伊福形）は、その地名が「干潟《ひがた》」から転化したという伝承があるように、日向灘と沖田川に近接する低湿地地帯にできた地区である。『元伊形郷土誌』（一九三七）には、「伊福形花笠踊の由来」として、「往古天正年間（三百六十余年前）頃まで伊福形石田部落は干潮時にあらざれば、山麓も通過せられざりしが此の部落は毎年大潮の為襲はれしを以て石田山王神社に祈願なして大潮なかりし時は祭礼に踊を奉納する事となしたるより今尚古例を廃せず旧盆の十六七日の夜の花笠踊は盛んにして附近村の若き男女多数群集せり」（注9）とある。

それが後年には「四百年程前、七日七晩も津波が続き、山に避難した村人達が神仏に救いを求め熱心に祈ったところ、どこからともなく七羽の白鷺（鴎ともいう）が現れ、津波の上で舞い始めました。すると不思議なことに波が静かに引き、これこそ神仏の助けと喜び、以来、踊りが奉納されるようになったと言われています」（注10）と、奉納の由来である災害が「大潮」から「津波」に変わり、実際の七人の踊り手に合わせたような説明に変化している。東日本大震災以降の解説文であることにも注意がされるが、踊りの説明も、以下のようにされている。

踊りは三番あり、一番は津波が早く引くように神様を招き寄せる唄、二番が花笠踊りであり、三番が押し寄せてくる津波を十字に切って沖合いに押し返す「願ほどき」の踊りであると、現在は伝えられている。

奉納日は、現在は八月一五日で、津波のときに避難をして祈願をしたところと伝えられる山王神社の小さな森の前で演じられている。翌一六日には、日向灘に面した長浜海岸まで出向き、花笠を一個供えてから海へ流す「笠流し」の行事がある（注11）。

盆の芸能で大太鼓を用いることなどから、「念仏踊り」系統の芸能であると思われるが、「厄祓い」の意味を主とし、この行事自体を「龍神祭」と呼んでいることから、いつのまにか、津波に起因する芸能として、注目されるようになったものと思われる。ただし、実際の歴史的な災害を特定できない事例である。

山川河内の「念仏講まんじゅう」

同じ九州の長崎県太田尾町山川河内《さんぜんごうち》の事例は、万延元（一八六〇）年四月九日の抜底川《ぬけそこ》（地名に注意）のヤマシオ（土砂災害）で三三名の死者を出した災害に関するものである。死者を全員発見し、四月一四日に供養を行なったことが契機となって、それ以来、毎月の一四日に死者への供え物である「まんじゅう」を、回り番で毎戸に配る行事が続けられている。「念仏講まんじゅう」

とは呼ばれているが、現在は「念仏講」と「まんじゅう」配りの慣習は切り離されている。念仏講は年に七回、山川河内の地区行事として、お念仏と鉦はりを行なっている。「まんじゅう」配りの方は、現在は菓子業者が作った「まんじゅう」を当番の者が配る行事になっているが、以前は煮豆や串団子、餅などを当番の家で作って配ったものだという（注12）。このことは、「まんじゅう」配りの行事が、念仏講から切り離され、換骨奪胎して形骸化したものとも捉えられる。

しかし、昭和五七（一九八二）年の長崎大水害で、山川河内地区の近くの日見《ひみ》では死者が出たのに当地区では、みな避難をして一人も死者を出さなかったということが確かめられ、にわかに防災の研究者から、この「念仏講まんじゅう」が注目され始めた。防災という再文脈化のなかで、過去の災害を伝えるために行なわれているというように、先鋭化されたものに変化したのである（注13）。二〇一三年には、総務省主催の「第17回防災まちづくり大賞」を受賞している。

たしかに「毎日」でもなく「毎年」でもなく、「毎月」という、日常性と非日常性のあいだで、効果的に災害が伝承されている点は見逃すことはできないが、なぜ「念仏」であり、「講」であり、「まんじゅう」であるかは、山川河内の民俗行事や、災害死者の供養という文脈の中から再度、把握し直さなければならないものと思われる。

また、ここには「法螺貝」を所蔵している家があり、当家では万延の水害のときに家の中へ流れ込んできたと伝えられている。先行研究では「法螺貝も木戸番としての役目上必要とされたのではないかと解釈される」（注14）などと、歴史的な解釈をしようとしているが、前述した「法螺

万延元年の土石流で家の中にとびこんできた法螺貝（長崎市山川河内、16.1.17）

抜け」の法螺貝、つまり口承文芸と関わらせた実証資料として理解したほうが妥当と考えられよう。

　また、山川河内では、毎年の七月二三〜二四日にかけて、「お地蔵様まつり」があり、観音堂でお念仏と鉦はりを行なわれているが、昭和五七年の長崎大水害が当日であった。このとき、観音像が流されて、後に頭の失った姿で拾われたが、地区の人たち全員が助かったことから、「観音様が身代わりになって人を助けてくれた」とか、「観音様・地蔵様が守ってくれた」と言われ始めた。念仏講まんじゅうも、元来は毎月一四日に念仏と鉦はりをするときに供えたものであるから、「念仏講まんじゅうを供養で配っていたから助けられた」と言われるようになったという（注15）。

　歴史的な災害の、社会的で身体的な記憶のありかたとして注意されるが、その後の災害が再度、過去の災害の記憶を呼び起こすこと、また地域の災害を時間の連続性のなかで捉えられていることが理解されると思われる。

大阪大正橋の「地蔵盆」

「地蔵盆」と災害の記憶に関しては、もう一つの事例がある。大阪府浪速区幸町の木津川に架かる大正橋の東詰に、安政南海地震津波（一八五四年一二月四日）の供養碑（「大地震両川口津浪記」、「両川口」とは木津川と安治川）が建てられているが、地元では「お地蔵さん」と呼ばれ、毎年の八月二四日に地蔵盆が行なわれている。この碑文の末尾には、「願くハ心あらん人年々文字よミ安きやう墨を入給ふへし」と記され、地蔵盆が近づくころに、幸町三丁目の近所の者たちが碑文に墨を入れる行事を行なっている。墨入れは、墨が流れるので塗りにくく、文字をつぶさないように、書き写した原文と照合しながら塗るので、時間がかかるが、誰でもできるという利点がある。この行事も、「地蔵盆」という供養の年中行事のなかに、災害伝承が取り込まれていることにおいて、注目される事例の一つである。

安政津波の供養碑に墨を入れる行事
（大阪府浪速区、15.8.21）

二〇一五年には、八月二一日に碑文の墨入れ、二三日から二四日にかけて地蔵盆が行なわれたが、これらの行事は、「幸町三丁目西の町会」の二つの班（一班一〇世帯）で、毎年お世話をしている。安政元年の津波供養碑を「地蔵」と呼んでいる理由は不明であるが、おそらく、地蔵盆に津波の犠牲者を供養したことにより呼ばれ始めたものと思われる。供養の当日に、供養碑に飾られた提灯にも「大正橋　津波記念供養」という文字が見える。

この「地蔵盆」においても、供養碑（地蔵さん）に上げた供物は午前中に、担当の女性が「大正橋の地蔵さんの供物ですから」と言いながら配ってあるいた。津波供養碑の墨入れと同様に、このような行為を伴って間接的に災害が伝えられていることがわかる（注16）。この事例からは、先に紹介した長崎の「念仏講まんじゅう」の行為が、災害を伝えるためという特異な事例ではなく、供養の後に供物を関係者に配るという、一般的な供養の慣例が理由だったことが理解される。

両者の行事の事例に共通していることは、過去の自然災害で亡くなった人々の供養をベースにしている点であり、それが行為を伴う年中行事のなかで、無理なく災害について伝承していることである。つまり、これらの「念仏講」や「地蔵盆」は、災害以前から行なわれていた年中行事であり、災害によって変移はしているものの、災害以前の生活感情に接合し、そのことによって災害の伝承を可能にしたものと思われる。

また、二三日の夜と二四日の供養の終了後には、供養碑（地蔵さん）に上げたオブッハン（御仏飯）を大正橋の上から川に流すが、これは魚に食べてもらうためだと語っているが、おそらくこの行為の相手も、安政元年の津波で亡くなった流失者であることに違いない（注17）。

さらに、大正橋近辺は現在、四本の川が合流している箇所であるが、幸町に伝えられている世間話で、大正橋の対岸にある尻無川《しりなし》に架かっている岩崎橋の怪異譚がある。一九九〇年代の後半、大阪ドームなどの開発工事の中、この建設工事に直接に携わった者たちの話として、毎晩、岩崎橋を通るときに、大勢の白い着物を着た人たちがぞろぞろと川から上がってくるところを目撃したという話が伝えられている。同様の目撃者が続出して、その恐怖のために仕事を辞める人も増えたが、岩崎橋を付け替えるときに、寺の住職に拝んでもらったところ、そのようなことは無くなったという。大正橋では「地蔵さん」を祀っているから、そのような出来事はないと語られているから、白い着物を着た者たちは、安政の津波の災害死者であったことがわかる。

災害伝承と死者供養

以上、主に西日本を中心に、儀礼や年中行事に組み込まれた災害伝承を報告してきたが、東日本でも同様の災害死者の供養をベースにした行事が伝えられている。たとえば、天明三(一七八三)年の浅間山の噴火により、嬬恋村《つまごい》(現群馬県)で六四八人の死者が出たが、そのうち村内の鎌原《かんばら》では四七七人が亡くなった。その噴火のときに、村人九三名が逃げて助かったといわれる鎌原観音堂は現在、「鎌原観音堂和讃会・奉仕会」の人々を中心に、観音堂のお世話とともに、年間を通して、供養の行事が行なわれている。

まず、月に二回、七日と一六日に鎌原の多目的センターで回り念仏による供養をしている。七日は「浅間山の供養」、一六日は「ご先祖の供養」としている。噴火のあった八月五日には、観音堂の外に建てられた観音像の前で「浅間山大噴火和讃」（明治時代に成立）が行なわれ、これを「浅間押し供養祭」とも呼ばれている。そのほかに、春秋のお彼岸にも、お念仏と和讃が上げられ、特に春彼岸には「身護団子」が作られる。この団子を用いて人型が作られ、観音堂に供えられる（注18）。

また毎年、旧暦一〇月九日（十日夜《とおかんや》）には、噴火のときに先祖がお世話になったと伝えられる群馬県伊勢崎市の戸谷塚地区にある「夜泣き地蔵」へ行って和讃が上げられる。戸谷塚では「浅間焼け」（噴火）のときに利根川を流れ下った遺体が何百と打ち上げられたが、その後、夜な夜な人のすすり泣く声が聞こえ、眠れない日々が続くようになったという。そこで地蔵尊を建てて供養を行ない始め、鎌原からも参加するようになった（注19）。

津波常習地である三陸沿岸でも、昭和八（一九三三）年の昭和三陸津波の後に、青森・岩手・宮城の各浜に建立された津波記念碑の前で「慰霊祭」（供養）を行なっている例が岩手県普代村の普代と大田名部、同県洋野町八木にある。また、熊本県の有明海に臨む漁村地区で、寛政四（一七九二）年の雲仙岳噴火と島原の眉山の海への崩落による津波の死者を供養しているところがある。熊本市河内町の塩屋や、天草市有明町の鯨道などである。有明町の事例は、「寄り人様」と呼ばれる漂着遺体、つまりは無縁の霊の供養であった（注20）。災害死者の供養の場合、この無縁の霊が供養の存続に大きな力をもっているように思われる。

おわりに

以上のように、災害伝承を組み込んだ儀礼や年中行事が、災害の「生きられた記憶」として、あるいは社会的で、かつ身体的な記憶として、伝えられてきた状況を報告してきた。

共通しているのは、災害を伝えるには、回帰的な時間が必要なことである。それは、過去から未来へ向かって流れる直線的な時間上ではなく、年中行事や年忌のように、円環的な時間のなかで、絶えず過去に向き合う時間のことである。

次に、その時間を繰り返すには、災害死者に対する「供養」ということが、大きなウェイトを占めることも見逃すことができない。日本人の死者霊に対する考えかたとして、その霊は亡くなった場所に留まり、供養もその場所で行なわれなければならない点がある。いわゆる災害のあった場所で、災害が伝えられることになる。たとえば、津波は海のそばでしか伝えられない。

そして、その災害死者のなかでも、無縁の霊が大きな影響力をもつこと、それは生きて生活している者にとっては「祟る霊」であることも、おさえておく必要がある。死者の「供養」とは、その死者の事績や最期を語ることによって供養になるという考え方が、今でも東北地方などによくみられる。無縁の霊が祟るのは、祀り手がいないというばかりでなく、とくに災害死者の場合は、偶然に災害に出くわした旅の者や漂流遺体などが多く目立つために、その者のことを詳しくは知らず、語れないということが「祟り」を引き起こすと考えられていた（注21）。災害を語り続けるということが、その災害で亡くなった死者を供養することになるわけである。
いずれにせよ、そのような供養をとおして、歴史的な出来事である災害が生活文化のなかで伝えられていくとしたなら、それも見過ごすことのできない要件として、今後も注意をしていかなければならないものと思われる。

注1　川田順造「旅人の目がとらえるもの」『人類学的認識論のために』（岩波書店、二〇〇四年）三六三頁、同著『もうひとつの日本への旅―モノとワザの原点を探る』（中央公論新社、二〇〇八年）二〇三～二〇六頁など。
2　戸井田道三『忘れの構造』（筑摩書房、一九八四年）一八五頁
3　笹森正治『蛇抜・異人・木霊―歴史災害と伝承』（岩田書院、一九九四年）
4　斎藤純「法螺抜け伝承の考察―法螺と呪宝」『口承文藝研究』第二十五号（日本口承文藝學會、二〇〇二年）、同「紀伊加田の法螺抜け―災害伝承と異界―」説話・伝承学会編『説話・伝承の脱領域―説話・伝承学会創立二十五周年記念論集』（岩田書院、二〇〇八年）、同「蛇抜けと法螺抜け―天変地異を起こす怪物」小松和彦編『怪異・妖怪文化の伝統と創造―ウチとソトの視点から（国際研究集会報告書第45号）』（国際日本研究センター、二〇一五年）など
5　二〇一六年二月一六日、岩手県陸前高田市横田町舞出の村上ミネ子さん（昭和四年生まれ）より採録
6　幸田文『崩れ』（講談社文庫、一九九四年〔初版は一九九一年〕）八九～九一頁
7　遠藤庄治編『いらぶの民話』（伊良部町、一九八九年）三九九～四〇〇頁。なお、宮古島

や石垣島の先島諸島には、人魚が登場する津波伝説も多い。

8 二〇一三年四月一三日、沖縄県宮古島市城辺町砂川にてナーパイの調査実施

9 柳田龍太郎『元伊形郷土誌』（私家版、一九三七年）一六頁

10 『延岡の郷土芸能―延岡市郷土芸能調査報告書―』（延岡市郷土芸能保存会、二〇一三年）一九頁

11 二〇一六年八月一五～一六日、宮崎県延岡市にて「伊形花笠踊り」の調査実施

12 二〇一五年八月一三～一六日、長崎市太田尾町山川河内にて、「念仏講まんじゅう」の調査実施

13 高橋和雄「災害伝承「念仏講まんじゅう」―150年毎月続く長崎市山川河内地区の営み―」同編著『災害伝承―命を守る地域の知恵』（古今書院、二〇一四年）八三～一一〇頁など

14 注13と同じ。九三頁

15 注13と同じ。一〇〇頁

16 二〇一五年八月二一～二四日、大阪市浪速区幸町の大正橋にて「地蔵盆」の調査実施。なお、この津波供養碑に関する研究として、長尾武「『大地震両川口津浪記』にみる大阪の津波とその教訓」『京都歴史災害研究』第13号（立命館大学歴史都市防災研究所、二〇一二年）一七～二六頁、同著「大阪市における南海地震石碑と教訓の継承」『歴史都市防災論文集』Vol. 8（立命館大学　歴史都市防災研究所、二〇一四年）二六三～二七〇頁などがある。

17 魚の供養と海難者の供養の抜き差しならない関わりについては、本書Ⅱの三、「魚と海難者を祀ること」を参照のこと

18 二〇一六年三月一七日、同年八月五日、群馬県嬬恋村鎌原の観音堂行事の調査を実施

19 二〇一六年一一月八日、群馬県伊勢崎市戸谷塚にて調査実施。なお、鎌原観音堂の研究と

して、三枝恭代・早川由紀夫「嬬恋村鎌原における天明三（一七八三）年浅間山噴火犠牲者供養の現状と住民の心理」『歴史地震』第17号（歴史地震研究会、二〇〇一年）などがある。
20 本書Ⅲの二、「津波碑から読む災害観―人々は津波をどのように捉えてきたのか―」参照
21 たとえば、東北地方では、巫女が死者の霊を下ろして語る「口寄せ」などの宗教的な儀礼が続けられてきたが、その口寄せの最中に、サエギリボトケと呼ばれる無縁の霊が突然に現れて、儀礼の進行を止める場合がある。無縁の霊にとって、巫女の口を通して自身のことを語り、見ず知らずの者に語られるということを望んでいるからである

四、災害伝承と減災

子孫に伝えた津波の来襲年

かつてはブリの大敷網で栄えた、高知県中土佐町上ノ加江《かみのかえ》という漁村で、平成二四（二〇一二）年に、中平家の金庫の中から昭和二一（一九四六）年の南海地震津波の記録が発見された。昭和二一年一二月二一日に起こった南海地震津波は、上ノ加江では、死者はなかったものの、負傷者七名、浸水家屋八〇〇戸、破損した漁船八〇艘などの被害があった。上ノ加江には、佐竹正成による「昭和二十一年十二月二十一日記　南海地震記録」という客観的な記録があるが（注1）、昨年に発見された「戌ノ大変記録書」は、子孫に伝えることを第一義として書かれている特異な文書なので、私が翻刻したままを挙げておく。

昭和二十一年新暦十二月二十一日
戌ノ大変記録書
中平寿太郎㊞書言

一、昭和二十年八月十五日東亜大戦争我帝国敗戦トナリ右八月十五日正午以ッテ終トナル

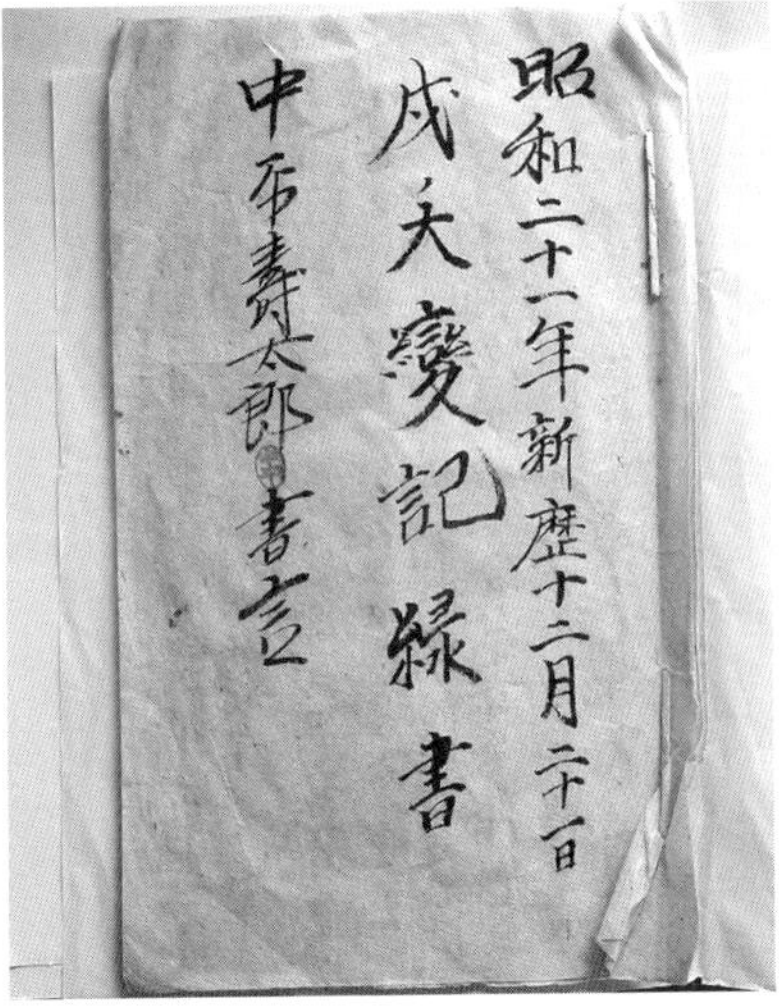

高知県中土佐町上ノ加江から新たに発見された昭和南海地震津波の記録と教訓（13.7.26）

二、昭和二十一年戌年新暦十二月二十一日午前四時二十分天気清天ナリ地震約前後五分間ニ渡ル地震後十五分間ニシテ津波来ル

三、第一回ノ波オモ出デ川譯（沢カ）地ニ達ス第二回目ハ上山添三郎地ニ達シ野添藤原精華地下切ニ来

四、南沖代付近ハ皿ヶ峯下又川か克太郎地土手ニ潮二尺五寸ニ及ブ勝地七畝歩ノ田ニハ大材木多数止マル沖代一反二畝ノ切ニハ龍（漁カ）船四ハイ止マル又和田方面ノ田ニモ右ノ如シ数ハイノ船奥和田ニ止ル上ノ加江道路橋が落ル北寺蔵町家四尺五寸ツカル南大敷事務所が其儘旧学校屋敷ノ東畑ニ流失サル又南ヨリ北又川線ノ堤防ハ来（到カ）処破ブラル

五、同じ二十一年ハ新正月来ルモ特ニ暖カナ年デ有ッタ

六、昔ヲ思ヘバ安政元年ノ戊ノ大変ヨリ九十三年目ト古イ人ガ申スル九十年百年ニ当ル時ノ若者ハ特に覚悟スルガ宜敷イ

時中平家
中平芳太郎　七十五歳
同　福　七十歳
中平寿太郎　五十五歳
中平宇志於　五十歳
中平勝実　二十五歳

この記録をていねいに読み込んでみると、「一」は第二次世界大戦の敗戦の事実から始まっている。「二」が南海地震津波の日時と時間の記録であることから考えると、この自然災害を「敗戦」と同様の歴史的な出来事として捉えていることがわかる。「三」は浸水線の表示、「四」は材木、漁船、「大敷事務所」などの建造物がどこまで流されたかという浸水域の状況を詳しく記している。橋が落ちたことも書き忘れていない。「五」は災害の予兆ともいえる記述で、例年より温かな日々であったことがわかる。「六」は過去の津波を遡った上で子孫に注意をうながしている記述である。つまり、安政元（一八五四）年の津波から昭和二一（一九四六）年までの九二年を計算した上で、この年から九〇～一〇〇年後の子孫に宛てて記録したということが理解される。なかでも「九十年百年ニ当ル時ノ若者ハ特に覚悟スルガ宜敷イ」という記述には迫力がある。

高知県には、地震による津波が周期をもって来襲するという考えかたを碑に記した例もある。

たとえば、黒潮町大方に建立されている安政元年の津波記念碑には、「安政元甲寅十一月四日春々奈み來同五日七ッ頃大ぢ志ん大しお入浦一同リウしつ是よりさき百四十年より五十年まで用心春べ志」と記されている。一一月四日の「春々奈み（すず波）」の前兆があった翌日に、地震と「大しお」（津波）が来襲したことを記した後、この年から一四〇〜一五〇年後に再来襲する可能性を促している。この周期時間をどのように計算したかというと、それはどうやら安政元年以前の大津波である宝永四（一七〇七）年の津波を定位して、その津波以降から安政元年までの一四七年間を意識しているようである。

つまり、大方の記念碑では、宝永から安政までの一四七年間を捉えて、一四〇〜一五〇年後に注意を促したように、上ノ加江の「戌ノ大変記録書」では、安政から昭和までの九二年間を見定めることで、九〇〜一〇〇年の後を意識させているのである。

いずれも、一〇年間の誤差を含めて伝えているが、高知県においては、人間の一生で出遭うか出遭わないかの津波の周期であったがゆえに、子孫に伝えておくという意識が高かったものと思われる。

逆に、「一生に二度、津波に遭う」と伝えられている津波「常習地」である三陸沿岸においては、近世に建立された津波記念碑や供養碑が極端に少ないようである（注2）。津波の頻度と伝承意識は比例しているように見えていて、実際は複雑な様相を呈しているようである。

マニュアル化の危険性

中土佐町上ノ加江では、昭和二一年の南海地震津波に襲われたとき、海に近い中山に逃げた者もいたが、大勢はさらに奥の衣笠山に逃げている。『上ノ加江町史』（一九五六）には「津浪の難を避けて、衣笠山には沢山の人々が集まり、闇夜に不安な気持で寒さにふるえながら、夜明けを待つていた」（注3）とある。その理由は、中山が地震で崩れやすいと伝えられていたからで、「衣笠へ逃げよ」という合言葉で避難をしたという（注4）。しかし、現在の避難の指定場所になっているのは中山の方である。

隣村でもある、高知県四万十町の志和《しわ》では、南海地震津波のときは、小学校の裏山にある墓地に逃げたという（注5）。ここでは、昭和二一年のときに実際に逃げた場所と、現在、指定されている避難場所とが一致している。伝承における避難場所を第一に考えるべきではあろうが、しかし、この津波に対する伝承自体が、実は両義的なものであって、相反する伝承も各地に伝えられているのである。

たとえば、宮城県気仙沼市小々汐の尾形家の建物は、文化七（一八一〇）年に建てられた、網元の風格を遺す茅葺屋根の民家であったが、今回の大津波によって流され、以前に建っていた場所から移動して、屋根だけを残したままの姿になった。しかし、雨戸を閉めて逃げたので、家財道具は外へ流されずに、大きな屋根が家を抱え込むように潰れたため、家財道具や仏壇などが残った。尾形民子さん（昭和二三年生まれ）によると、先代から「地震が来たら雨戸を閉めて高台へ逃げろ」ということを伝えられてきたという。
一方では、まったく反対のことを伝えられているところもある。岩手県大船渡市三陸町の崎浜に住む中嶋久吉さん（昭和八年生まれ）は、昭和八（一九三三）年の三陸津波の年に生まれている。津波のときは、母親のお腹の中にいたが、その母親が生前、地震が起きるたびに急いで雨戸を開けるのを、子どものころに不思議に思って見ていたという。成長後に母親から聞いた話では、昭和八年三月三日の夜の津波のときに、家の中から雨戸がなかなか開かず、中嶋さんの兄弟に当たる子どもを五人亡くしていたのである。「地震があったら雨戸を開けろ」というのが、母親からの教訓であったという（注6）。

いずれも家の中だけの、きわめて個人的な伝承ではあるが、それぞれが体験に根ざした正しい言い伝えであったことは間違いがない。一方では、三重県尾鷲市三木浦では、「地震があったら、雨戸を投げろ」という伝承がある。三木浦の上村紀美男さん（昭和一八年生まれ）によると、地震で地割ができるので、雨戸を地面に敷いてから、その上を渡って家から逃げろという言い伝えであった（注7）。自然災害における雨戸の伝承だけでも、おそらくさまざまな対応とそれに伴う伝承があったわけで、このことについて一律に提言することはできないものと思われる。

津波による船の流失を避けるために、地震があったときは、船を沖に出すという、いわゆる「沖出し」は、今回の東日本大震災においても多く見られ、それで船と命が助かった者もあれば、時間的に間に合わず、あるいは予想以上の大きな波であったために転覆した漁船も数多くあった。

この「沖出し」についても、列島の各地で、さまざまな言い伝えがある。

たとえば、先に紹介した高知県黒潮町大方に建立されている安政元年の津波記念碑には、「春ゝなみきたるときハふね十丁者加《ばか》りおきへ加けとめ申事甚よし」とあり、これは地震の予兆ともいえる「春ゝなみ」が来たときには、「十丁」(約一キロ)沖へ船がかりをしておくことが望ましい旨が記されている。

しかし、同じ高知県土佐市萩谷に建立されている、安政元年の「萩谷名号碑」には、「狼狽《あわて》て船にのりなとせるハ流死の数を免れず」とあり、「沖出し」について戒めの言葉を記している。また、同県須崎市糺町《ただすまち》の大善寺にある、宝永南海地震津波による「寶永津浪溺死之塚」には、「早く出て沖にあるハしらす其時に当りて船出する事ハ難かるへし誡むへき事にこそ」と記され、津波の来るタイミングに合わせて、船の「沖出し」を行なうべきことを述べている。決して「沖出し」自体が正当化されているわけではないことがわかるが、これは今後の津波のときの、車による避難にも通じる課題である。

東日本大震災後、「津波てんでんこ」という言葉が注目されているが、だからと言って、目の前にいる足の不自由なお年寄りを置いて逃げる者は、おそらくいないだろう。むしろ、その場における適切な判断力こそ求められなければならないことである。

昭和八(一九三三)年の三陸大津波においては、朝日新聞社に寄せられた義捐金の一部を用いて、青森県・岩手県・宮城県の各浜々に、今後の災害に対する誡めの言葉を連ねた標語を刻んだ、津波記念碑が建立された。宮城県の浜々において選択された標語は、主に「地震があったら津波の用心」という類の言葉であった。しかし、次の三陸沿岸の津波は、昭和三五（一九六〇）年の南米のチリ沖を震源とする、地震のない「チリ津波」であった。

この津波を体験した、宮城県気仙沼市唐桑町の漁師である小山友松翁（明治三八年生まれ）は、五月二四日の朝早くに起きて宿浦の岸に行ったところ、宿の湾がまるで擂鉢のようになるまで潮が引いており、「津波だぁ」と叫んだらよいかどうか迷ったあげく、ついに実行したという（注8）。昭和三陸津波の宮城県における津波記念碑は、皮肉にも津波伝承のマニュアル化の危険性を象徴的に示した「記念碑」になってしまった。

自然との柔軟な付き合いかた

翻って考えてみるに、この列島の人々は、自然災害に対してどのような対応をしてきたのだろうか。むしろ、「自然災害」というよりは、自然が通常とは違う様相を見せたときに、どのように感じ、どのように行動してきたかが注意されなくてはならないだろう。

たとえば、台風は多くの被害をこの列島に与え続けているが、紀伊半島の三重県熊野市での言い伝えでは、台風とは、「あまり会いたくない親戚が来るようなもの」と捉え、家という建物は、一〇〇年に一回は流されるものだと思っていたという。台風が近づくと、一階の畳や家財道具を台を組んで上げておき、水を通してから下へ降ろしたという（注9）。

各地の以前の子どもたちにとっても、台風時は絶好の遊ぶ機会でもあった。伊豆七島の一つ、新島の若郷《わかごう》では、波が荒くなると、年長の少年たちがテンマ船のフンダテ（板子）をはずし、それを用いて波乗りをしていたという（注10）。高知県中土佐町の久礼《くれ》では、台風が近づくと、子どもたちは家にある洗濯板を持ち出して波乗りをした。また、竹を何本か海に浮かべてから戸板を置き、その上に子どもたちが乗って、波に流れるのを楽しんだ。大人たちは、その様子を見ていたが、小さいころに海で泳ぎを覚えているので、不思議にも海で亡くなる子は絶無だったという（注11）。また、鹿児島県の沖永良部島では、台風のときの子どもたちの楽しみは、大風が吹いて落ちたグァバやミカンの実を拾いに行くことだったという（注12）。

学校にプールが設置される以前の海辺の子どもたちは、泳ぎはすべて海で覚えた。塩水のために体が浮きやすいためもあり習得も早かったが、波の力や潮の流れ、海底地形など、あらゆる自然の要素を認識した上での技能の獲得ができた。プールという四角の閉鎖空間で、ただスピードだけを競争させられる現代の子どもたちには味わうことのない、海の面白さと、一瞬とも同じではない自然の表情を読み取る力を獲得できた。そのような子どもたちが、台風が近づこうとする高波を絶好の遊びの機会に変えたであろうし、それで命を落とすこともなかったのはあり得ることである。

このプールを防災マニュアルにたとえれば、自然災害はこのマニュアルを超えて、さまざまなかたちを見せるであろうし、このマニュアル化の危険性については、先に述べたとおりである。

以上は、自然災害との緩やかな付き合い方の一例であるが、むしろ荒ぶる自然を積極的に利用した事例もある。典型的な事例としては、台風の後に浜に上がる材木などの「寄り物」を拾ったりすることがある。

宮城県の気仙沼市でも、台風や低気圧の後は、気仙沼湾の多くの場所に海藻などが寄り上がるが、そのようなときには最近でも、岩手県の山地の方から、寄り上がった海藻を肥料にするために、軽トラックで浜に拾いに来ている。また、伊豆七島の神津島では、浜に打ち上げられた流木だけを用いて一軒の家を建てたという話もある（注13）。沖永良部島では、台風の後に、浜に上がるユイモン（寄り物）を拾いにあるいたという。リーフ近くの魚やラワン材などが打ち上がっていたので「浜めぐり」をした（注14）。同じ沖永良部島の山畠貞三さん（昭和二〇年生まれ）によると、台風さえ来なければ、島内のサトウキビ畑の収穫は倍になるという。しかし、これで台風が来ないとなると、海の温度が高くなってサンゴ礁が白化して死んでしまう。プランクトンが発生するサンゴ礁がなくなれば、島に寄る魚はいなくなる。台風という自然とどう付き合うかということが大事なのだと語る（注15）。

あるいは、野本寛一の『自然災害と民俗』（二〇一三）によると、四国の吉野川では、集落と川のあいだに竹藪を残しておき、洪水のときに竹藪で流木や木の根、その他のゴミ類が止められ、細土は藪を通過して田畑に入り、客土効果をもたらすこともあったという。一方で、愛知県の豊川では、上流部の狭い谷で、筏を組めずに流送もできず、山道を運び出すこともできない材木を、大雨、河川の増水を待って流したという（注16）。

高知県佐川町には、安政元（一八五四）年の南海地震津波の惨状を描いた「安政元年土佐震災図絵」が保存されている。その中に津波で二階に避難した人が、浸水した一階の海に向かって釣り糸をたれている絵が見られる。自然災害に対してヒステリックに振る舞うだけでなく、このような対応の仕方がわれわれの先祖たちにはあったということも忘れられてはならないことである。

さらに、ある地域に特定できる自然災害は一つだけではない。台風銀座でもある高知県は、現在、「南海トラフ」を意識した津波対策に神経を尖らせているが、昭和九（一九三四）年や昭和三六（一九六一）年の室戸台風による高潮は、宝永四（一七〇七）年の津波のときと同じレベルであり、室戸台風での高潮の到達点の碑には、津波と同義語の「海嘯」と刻まれている。

津波のなかで二階から釣りを楽しむ絵
（林洞意筆「安政元年土佐震災図絵」、高知県佐川町総合文化センター所蔵）

逆に、高知県須崎市の野見に、昭和二一（一九四六）年の南海地震津波がどこまで上がったかを示す「最高潮之跡」が、神明宮という神社と、江雲寺という寺の石段の中途に小さく建てられている。ここでは、津波を「高潮」と捉えているのである。一つの自然災害に対して、一つの防災マニュアルではなく、それぞれの地域の諸々の自然災害に合わせた、複合的な防災対策が必要と思われる（注17）。自然災害も、いろいろな表情と姿をもって、人々の目の前に現れるからである。

ところで、この列島には、毎日の海の表情が違うからこそ漁は面白いと語る、漁師さんは多く、それは生きがいにもなっている。漁師もまた、あらゆる海の危険を読み取る危機察知力のある人たちである。

沖縄県の伊江島《いえじま》の、トビウオの追込み漁を長年にわたって行なってきた又吉久保さん（昭和二年生まれ）は、海上における危険やリスクを体自体が回避していることを次のように述べている。

「私もまだ素人ですよ。漁の失敗が多く、毎回六〇～七〇パーセント満足すれば良いと思っている。それでも体が覚えていてね、体が失敗を避ける行動をとっているのと、その失敗に気づくのが、ほぼ同時です。頭が後からついていく感じかな。

魚のいる場所を教えてくれる機械が発達した今では、漁師を始めて一カ月もすれば一人前になれるが、魚がどう考えているのか、その魚の習性を知らないでやっている漁師が多くなったんで、これからの漁業はどうなるのかね」（注18）

また、カツオ一本釣りにおいては、餌イワシを撒いて、カツオの群れを集めて釣ることを、「ナムラ（魚群）を飼う」と呼び、決して「ナムラを捕る」とは呼んでいない。もちろん、群れの一～一・五割しかカツオを釣ることができないわけだから「飼う」としか表現できないのであろうが、自然の力を利用して、あるいは自然を手なづけながら魚を得る、典型的な漁法である。自然に対立もせず、略奪もせずに、むしろ自然と柔軟に付き合うことで、漁獲を得ているのである。

この自然を手なづけるという考え方は、一つの自然観であるかぎり、自然災害に対しても可能である。前述したが、昭和八年の三陸津波の後に、三陸沿岸を踏査した民俗学者、山口弥一郎の『津浪と村』(一九四三)では、三陸沿岸を、津波「常襲」地とは捉えずに、津波「常習」地という漢字を当てて捉えている(注19)。

この時代には「常習」という言葉だけで「常襲」という意味も含まれたのかもしれないが、「常襲地」は「被災された」という、受動的な意味合いだけが濃厚な言葉であり、それに反して「常習地」の「習う」は「慣れる」にも通じ、津波を生活文化の中に受け入れている積極的な意味合いの言葉であると思われる。それは、三陸沿岸に住む者の心に即した言葉であり、自然に対して無理に対立したり、避けたりすることではなく、飼いならしていく発想でもあった。この考えかたは、現在、強引に推し進められようとしている防潮堤や高台移転のような発想とは、まったく対立するものである。生命だけを保証し、人間の尊厳や生活を無視する考えかたは、医学における「延命治療」と差異がないだろう。

波の音を聞き、潮の匂いや風、海面からの反射光の中で生きる力を得ている人々にとっては、定量化こそできないが、これらも貴重な生活環境である。どんな力をもってしても、海辺に住み続けようとする人々の意思まで踏みにじることはできないと思われる。

注1 「南海地震記録」の翻刻と接写写真については、中土佐町誌編纂委員会編『中土佐町誌』（中土佐町、二〇一三年）六二三～六二八頁にある。

2 岩手県大槌町安渡出身の阿部幹男は、明治五（一八七二）年生まれの祖父から、「いいか、覚えておけ。おまえは生きている内に必ず大津浪に二回遭う」と語られたという（阿部幹男「慙愧の思い」石井正己編『震災と語り』、三弥井書店、二〇一二年）一一八頁

3 上ノ加江町史編纂委員会編『上ノ加江町史』（上ノ加江役場、一九五六年）一四五頁

4 二〇一三年七月二六日、高知県中土佐町上ノ加江の柴田美和さん（大正一四年生まれ）、渡辺ヨリ子さん（昭和八年生まれ）、矢野すずみさん（昭和一四年生まれ）より聞書

5 二〇一三年七月二七日、高知県四万十町志和の山野上啓さん（昭和二年生まれ）より聞書

6 二〇一一年一〇月八日、岩手県大船渡市三陸町の崎浜の中嶋久吉さん（昭和八年生まれ）より聞書

7 二〇一三年一〇月二二日、三重県尾鷲市三木浦の上村紀美男さん（昭和一八年生まれ）より聞書

8 一九九五年一二月二五日、宮城県唐桑町馬場の小山友松翁（明治三八年生まれ）より聞書

9 二〇一一年一一月二六日、三重県熊野市大泊町の向井弘晏さん（昭和一六年生まれ）より聞書

10 二〇一三年一〇月二八日、東京都新島村若郷の石野佳市さん（昭和二二年生まれ）より聞書

11　二〇一三年九月一九日、高知県中土佐町久礼の青井安良さん（昭和一一年生まれ）、中原繁博さん（昭和二四年生まれ）より聞書
12　二〇一三年九月一四日、鹿児島県和泊町の山畠貞三さん（昭和二〇年生まれ）より聞書
13　二〇〇六年九月一一日、東京都神津島村の前田吉郎さん（大正一〇年生まれ）より聞書
14　二〇一三年九月一四日、鹿児島県和泊町の堀江勇さん（昭和一七年生まれ）より聞書
15　二〇一三年九月一四日、注12の話者と同じ。
16　野本寛一『自然災害と民俗』（森話社、二〇一三年）一三三・一四七頁
17　二〇一三年九月二七日付「高知新聞」における、「声のひろば」のなかの「台風にも厳重注意を」（川添俊一）の投稿記事にも同様の主旨が述べられている。
18　二〇〇六年一二月三〇日、沖縄県伊江島の又吉久保さん（昭和二年生まれ）より聞書
19　山口弥一郎『津浪と村』（石井正己・川島秀一編、三弥井書店、二〇一一年［初版は一九四三年に恒春閣書房より発行］）なお、山口弥一郎と同時代を生きた農業経済学者の古島敏雄（一九一二〜九五）の『子供たちの大正時代―田舎町の生活誌』（平凡社ライブラリー、一九九七年［新版は一九八二年］）一三五頁にも「火災常習地」という表記をしている。

高知県中土佐町上ノ加江の調査においては、同町久礼の青井安良氏、林勇作氏、上ノ加江の柴田三津子公民館長にお世話をいただいた。厚く御礼を申し上げたい。

Ⅳ 動き始めた海の生活

一、「情けのイナサ」を再び―仙台市若林区荒浜の漁業の再興―

はじめに

東日本大震災が起こる三日前、私は仙台市若林区の荒浜で海を見続けていた。荒浜の佐藤吉男さん（昭和九年生まれ）という漁師さんに会う約束の時間が一時間延びて、午後の四時になったためである。

佐藤さんから荒浜の漁業と生活に関わる伝承を一通り聞いた後、帰りの玄関先で「八月二〇日の灯籠流しは賑わうから、今年はぜひ来てください」と言われた。灯籠流しの前にも何度か荒浜に通うつもりでいたのだが、あの三月一一日に、荒浜のすべてが流された。私は気仙沼にいて被災したが、情報網が寸断されたその夜、ラジオだけが繰り返し、仙台市の荒浜付近に二〇〇から三〇〇体余りの死体があることを伝え続けていて、身のすくむ思いであった。

私にとって荒浜に通い続けることは、震災の有無に関わらず予定に組み込まれていたので、震災前後を通して荒浜の民俗調査を続けることは、同時に私自身のそれまでの日常を取り戻すことに等しかった。

本節では、先に震災前までの荒浜の漁業を中心とした日常の生活を描いておく。それから、震災後に漁師の側から、どのような漁業の復興を目指してきたのかを報告する。

貞山堀の漁業と年中行事

仙台市若林区の荒浜は、貞山堀《ていざんぼり》に面して両側に家々が並ぶ、浜辺の美しい集落であった。貞山堀にかけられた南北二つの橋によって四つの区域が分かれ、少し内陸の方に昭和五〇年代にできた新町を併せて形成されていた。北の橋（「深沼橋」）から北へ向かって浜側が東町（約一〇〇人）、内陸側が北町（約五〇人）、北の橋と南の橋（「あさひ橋」）のあいだの浜側が南町（約一〇〇人）、内陸側が西町（約一五〇人）に分かれていた。今回の東日本大震災による大津波では、死者一八六名のうち、内陸側の新町の八三名が目立っている。

荒浜の死者は、海から離れた地区のほうが多かった。流されずに残った墓石と倒れた石碑（12.12.11）

荒浜は、近世はシビ（クロマグロ）の巻き網やイワシの地曳網、近代はカク網（小型定置網）や貝曳き漁、刺し網などの多様な漁業を行なっていたムラであった。

とくに荒浜では、南東風のことをイナサと呼び、

「情けのイナサ」とも称して、三月末のハッテラさん（八大龍神のこと）の祭りの日にイナサが吹き始めると、荒浜に漁をもたらすと伝えられていた。たとえば、三月なかばから、桜の花が咲く四月末までは、貞山堀にシラスウナギがやってきた。ヨシのそばの泥の中にいるが、頭の毛のような細かな稚魚をすくった。それを静岡県に送り出すが、茶碗一つで一万円にもなった時期があったという。

シラスウナギ漁は夜の満ち潮のときにも行なわれた。胴長靴をはいて、夜の九時前の二時間、多い時で七〇〇匹くらいを捕り、昼夜合わせて五〇万円にもなった。シラスウナギの漁業権を得ていた者は荒浜で七人いたという。

貞山堀は淡水と海水とが交じり合う汽水域でもある。「土用シジミ」とも言って、七月から九月までの夏季には、ジョレンを用いたシジミ採りも盛んであった。シジミガイの漁業権を持つ者は、荒浜で四〇人くらいいた。春先や秋の満潮時の前には、魚の餌になるゴカイが白く固まって流れてきた。ハゼもボラもコイも以前はよく捕った。貞山堀は、荒浜の人々にとって、楽しみであり、生きがいの場所でもあった。

貞山堀と荒浜の人々との関わりは漁業に関わることだけではなかった。かつて、この集落で出羽参詣が盛んだったころ、参詣中の無事を祈願して、毎日その子どもたちが海や貞山堀で水垢離《みずごり》をとった。「ダイゴウ繁盛、タカモリー！」と叫びながら、水に入ったという。

初物のキュウリは「カッパに上げる」といって、貞山堀に流した。先に人間が食べたならば、水遊びにいったときにカッパにさらわれると言われた。七月七日のナノカビには、七回餅を食べて、七回この堀で泳いだ。また、「虫送り」といって、竹にズンダ餅やアンコ餅を挿して、これらを貞山堀や海のそばに立ててくる行事もあった。これらは、もう行なっていないが、毎年、八月二〇日には灯籠流しがある。貞山堀で、盆に帰ってきた先祖たちを送るために、毎戸が灯籠を持ってきて、ここから海へ向けて流す行事である。

これらの漁業や年中行事はいずれも、そこに住んでいるだけで価値のある、無償のものであった。二〇一一年三月一一日の東日本大震災で、その無償のものがいっさい流されたのである。

震災前の漁業

荒浜の漁師たちは、昭和四六（一九七一）年に開かれた仙台新港に船を繋いでいる。軽トラックで一五分、バイクで九分かかる距離である。一二月二九日に正月用のホッキガイを採る漁のことを「オマカナイ漁」と呼んだ。年納めの漁として九艘の船が組んで行なう集団漁で、二日くらい沖へ出た。分け前は平等で、陸に人数分に積まれた魚の山を、クジを引いてから順番に選んだ。佐藤吉男さんによると、「仲良くするためにこういうことをしている」という。

この年末のオマカナイ漁の慣習が活かされているのが、アカガイ漁などの貝曳き漁である。このようなプール制にした理由は、船同士が競争すると、無理をして災難につながるためであった。また、この時代は、東京や千葉の九十九里浜、福島などから買人が大型トラックで来ていて約五〇〇俵を買っていった。一俵が五〇〇〇円の時代だったので、共同操業も無理なく保障されていた。アカガイ漁の九艘の船の分け前は平等にしている。また、アカガイ漁は一日で三〇キロも捕れば漁を終了して分配している。資源を残すことを考えているからであり、一タル一本は三五キロで、一五万円で取引される。

漁期は九月一日から翌年の六月三〇日まで、ナミノコ（コダマガイ・オキハマグリ）も同漁期で、ホッキガイだけが九月一日から三月三一日までである。年末の一二月二八日から三一日までは、正月に各家庭で喜ばれる贈答用のホッキガイだけをオマカナイ漁として行なっている。漁法は貝曳き漁であり、アカガイマンガン、ナミノコマンガン、ホッキのマンガンなどで海底を曳きながら、網の中に入れて捕る漁業である。

他にも刺し網、ツブカゴ、ハモドウ、サワラ流し、カツオやシイラなどのバケ曳き（曳き縄漁）も行なっていた。

震災後の漁業

荒浜の漁師の船は常時、仙台新港のそばに係留されていたが、震災時には二三艘のうち二～三艘が沖へと逃げた。陸に戻るのに二日かかった船もあった。一五トン、一七～一八トンの船は震災後の火災で燃えてしまっている。佐藤さんの船である「だいよし丸」は、津波から一二日目に、菖蒲田浜から二〇〇メートル沖で奇跡的に佐藤さんの甥によって発見された。青森の船大工に来ていただき、アオヒバを用いて補修をした後、例年どおり九月一日からアカガイ漁に出ている。ただし、それまではすぐに漁に出られず、船をドックに入れ、漁師たちは瓦礫すくいのアルバイトをしていた。一日の賃金が一二〇〇〇円、船を提供したときは二二〇〇〇円であった。

アカガイ漁は、八月二〇日にアカガイの放射能汚染の検査を経て、九月一日から操業開始したが、当初は一キロ一万円くらいで五〇キロくらい水揚げしている。二〇一一年にはアカガイの他にアオコ（ブリの若魚）・サケ・イナダなどが捕れたが、二〇一二年は、アカガイ以外は不漁。代わりにワタリガニがマンガンに入っていて大漁であった。震災後にアカガイは、以前より沖の方に生息をしている。この漁を続けられている理由は、海底に瓦礫が溜ってはいるものの、津波がヘドロを流してしまい、浄化されているためだという。ツブカゴで捕るツブガイ漁も、以前は一キロ三〇〇〇円だったのが、今では一七〇〇〇円の高値で取引されている。

年末にホッキガイを捕るオマカナイ漁は、海底に沈んでいる瓦礫が怖いので、曳いていない。佐藤さんは、それでもいくらか捕ってきて、正月用として親戚や知人の約三〇軒分を渡してあいた。ただし、仮設住宅で住んでいる知人は、以前のように魚をもらいにくるようなことはなくなったという。仮設住宅の台所が狭いためである。

佐藤さんは、被災地の荒浜に一人で倉庫を建てて、日中はここで漁具の手入れなどをして、夕方には若林区荒井の仮設住宅に戻っている（現在は宮城野区に移転）。他にも一〇名くらいの漁師が道具小屋を建て、生業のために利用している。彼らの小屋には皆、共通して黄色い旗を立て、集落移転に反対している。佐藤さんによると、海を相手にしている仕事であるために、毎日の天気予報などは、海のそばでなければわからないという。たとえば、海鳴りを聞くことによって風の方向がわかり、金華山に雲がかかるのが見えれば雨が降ることがわかる。これらは浜から遠く離れている仮設住宅からでは見聞きできないという。佐藤さんは、これらの伝承を若いころに建網の仕事の中で、当時のお年寄りから教えられたという。

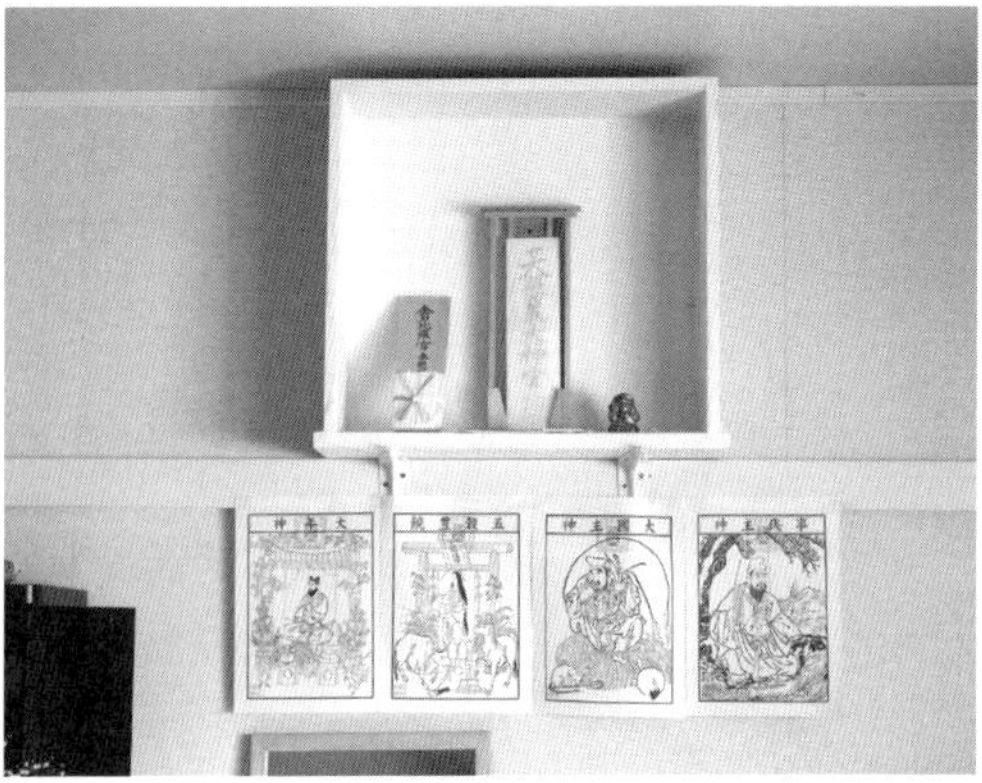

仮設住宅内の神棚（12.12.11）

仮設住宅には神棚も作り、佐藤さんの奥さんが震災前から行なってきたように、オフネ（漁船）が出る日には午前二時半に起きてから食事の用意をして、祈りを捧げている。祈りの言葉は、「八大龍神、お船霊、金毘羅さんのオミタマ様、金華山のオミタマ様、大きな大きな神様に守られて、今日もオフネがでますので、お守りください」と口に出すそうである。

囲い込まれる被災地

震災後、荒浜は「災害危険区域」となって、立ち入り禁止になり、少なくとも二年間は住居を建てることはできなくなった。仙台南警察署と仙台市若林区役所からの「お知らせ」として「震災復旧関係者以外の通行はできません」と書かれた立て看板がところどころに置かれている。「震災復旧関係者」とはいったい誰のことを指しているのかわからないが、仙台市では、住民の承諾を得ずに、流失を逃れた一階の板の間を剥がしてしまったという。被災地に家々が独自に建てられていくことを怖れたからだと荒浜では伝えられている。

彼らのような集落移転に反対している人々の割合は、全体的には少数派といえるが、荒浜では「現地再建」のグループと「集団移転」のグループとが、同じ仮設住宅の集会所で、それぞれ「戻りたい分科会」と「集団移転分科会」に分かれて、議論を続けている。この仮説住宅や集会所は、若林区伊在字東通の荒井小学校建設予定地に建てられていた。

荒浜には、警察署と仙台市による「お知らせ」の看板だけでなく、住民たちが立てた黄色い地の看板も見られる。そこには「歴史ある荒浜を壊すな！」、「陰湿な策略は止めろ！我々の命は自分で守る」、「復旧復興は仙台市に任せられない！」、「一日も早く危険区域を外せ！」などと書かれていた。岩手県や宮城県の三陸沿岸では、あまり見ることのない過激な言葉である。

一方では、「暮らし、文化を守り育む再建のあり方を荒浜の住民の手に」とあり、その後に詳しい説明を記している看板もあった。たとえば「この地仙台荒浜から「くらし」をなくすことは、歴史・文化を失うと同時に「ふるさと」を失うことでもあります。仙台市沿岸部は災害危険区域に指定され、今まさに「くらし」を失いかけています。我々荒浜住民の有志は「ふるさと」を守

流失したわが家があったセメントの土台に座って補修しながら、夏の貝曳き漁に備える佐藤吉男さん（12.5.26）

り、再び「くらし」を、この仙台荒浜で再建をはかりたい一心で活動しております」と書かれていた。

行政側においては、次の大津波の危険を考えた上で、そこを「災害危険区域」に指定して、生命の安全を第一に優先したものであることがわかる。しかし、一方では、今後、荒浜を海水浴場として駐車場を整備して観光地として再建しようとする企画があるということも耳にしている。いずれにせよ、元の地に住みたいと考えている少数派の住民のことについては、いっさいの配慮は欠けていると思わざるを得ない。

おわりに

二〇一二年五月二六日に私が荒浜に行ったときは、佐藤吉男さんが、かつては家が建っていたところのセメントの上で、一人で黙々とマンガンの修理をしていた。佐藤さんは、松の木に引っかかっていた自分のマンガンを拾って補修しながら、今年の漁に備えていたのである。近くには、集落移転を反対する人々の象徴である黄色い旗が五月の風にはためいていた。

前述したように、荒浜の貝曳き漁は、オマカナイ漁の集団操業を基底にしている。正月を迎えるときの魚介類を集団で捕りに行き、平等に分けるところは、荒浜にかぎらず各地に散見される。荒浜の貝曳き漁は、この信仰的な理由を主とする集団操業を、船同士が無理な競争をして災難にならないように活用された。その方法が、震災後に残った船同士が新しいメンバーで共同操業を起こすときにも、いかんなく発揮されていった。

以上のように、海に向かって生きることのリスクを承知しながら、それでもなお海に深い信頼を寄せて、再び海で生きようとしている漁師たちが確実にいる。漁業の復興は当然のことながら、この海の傍らからしか始まらない。この災害列島で脈々と伝えられてきた、漁師たちの自然観や生命観や災害観などを足場にしないかぎり、漁業の真の復興はありえないのである。荒浜に吹く南東の風が、再び「情けのイナサ」と呼ばれることを祈ってやまない。

荒浜の佐藤吉男さんからは、震災直前の二〇一一年三月八日をはじめとして、二〇一二年五月二六日、同年一二月一一日など数度にわたってお会いしていただいた。厚く御礼申し上げたい。

二、和船の復元と漁労の復興―閖上と歌津―

はじめに

宮城県南三陸町の伊里前湾《いさとまえ》に流れる伊里前川の河口では、五月のなかばから六月にかけてシロウオ漁が盛んである。河口に沿った数軒くらいで行なっていたが、川の石を用いて川上へ向かって∧形に築き、一番奥のところにカゴを仕掛けて、海から上ってくる魚を待ち受けて捕る簡便な漁法である。内陸の方へ売りに出すが、一年間の収入の中では小遣い程度にしかならない。それでも自分たちでルールを作って、楽しみながら行なってきた漁である。

山々が海の近くまで重なり合う三陸沿岸では、シロウオ漁の時期は山菜採りも盛んであるが、これらの例のように、その土地に住んでいるだけで価値のあるものに対しては、農協や漁協でも災害の損害額として算出できないだろう。その土地を離れ、高台移住をして、生命の安全性は保障されたとしても、その優先性のために、どれだけの多くの精神文化や生活技術が失われるか。津波がモノを流失した後、さらに止めを刺すように、すべてを破壊することにしかならないように思われる。

これらのような周縁的な生業は、「本業」とか「副業」、あるいは単なる「遊び」と、分けて考えることができない領域の生業であった。そして、東日本大震災からの「復興」のなかで、最も見逃されてきた世界でもある。
本節では、このような、生活の楽しみであった生業が、どのように復興の道を進んできたのか、人々の考えや言葉を拾いながら報告しておきたい。

閖上の貝漁

宮城県名取市の閖上《ゆりあげ》は、貞山堀運河の南端の港であり、アカガイなどの水揚げでも著名なところである。前節でも触れた貞山運河とは、江戸時代に開削された運河で、松島湾の塩釜港から阿武隈川河口までの長さ三一・五キロメートルの、日本でも長大な運河である。汽水域でもあり、ここでの漁業もかつては盛んであった。

二〇一一年の東日本大震災においては、この閖上港も津波で破壊され、名取市での犠牲者数は一〇二七人、そのほとんどが閖上地区に集中していた。閖上港に着岸していた磯舟も、多くは流され、浜に一艘だけあったといわれる木造漁船のサクバも見失った。

このサクバは、以前の閖上の漁業にとって身近な舟であった。サクバを用いた主なる漁業とは、広浦や名取川、貞山堀などでの貝漁である。アサリは四～六月で、海水域を漁場として、船を固定して操業する。シジミは六～九月で、貞山運河の汽水域が漁場であり、秋の彼岸以降は、ジョレンによる、シオの流れ曳きで捕る。ただし、蒲生《がもお》と閖上のあいだは塩分が少なく、アサリがいない。

そのほかにサクバを横にしてシオの流れに任せる、流れ曳きの夜漁がある。冬季を除く一年間、カワエビ（モエビ）、スナエビなどを捕った。ウナギやジャンバラミ（ゴリ）も入っていることもある。

以前の川漁は、五〇歳ごろから、現職を退いた漁師が子どもたちを手伝わせながら行なっていた。

また、サクバは、ウナギの延縄、シロウオの刺網、ボラの投網にも用いられた。ボラ網が行なわれる七〜八月は、トロール船（底曳き網）の禁漁期間のため、その期間に七〜八艘のサクバで行なう集団漁である。名取川の河口付近で魚を丸く囲い込んで、腕のいい人から投網をなげた。スズキ・クロダイ・イシモチも同様の方法で捕っていた。ハッキリ網を用いて、シラウオ（四〜五月なかば）、ウナギ（四〜一一月）、ジャンバラミ（ゴリ）などを捕ることがあった（注1）。これらの漁業に用いられるサクバは、川舟にも近く船底が平たく、海と川との兼用の汽水域の舟であった。

閖上では、東日本大震災後の二年目ころから、各地から船の支援を得て、アサリやシジミ漁を再開し始めている。サクバの復元を考え始めたのは、震災から五年を経てからである。それは、震災からの復興のシンボルとしてばかりではなく、実際の漁業に用いたいという理由からであった。サクバを保存するという「提示される」文化ではなく、実際の生活のなかで「生きられている」文化としての再現が始まったのである。

そのサクバの再現を求めた閖上の漁師、伊藤正幸さん（昭和二四年生まれ）によると、閖上で特徴的なアカガイ漁は、むしろ「面白くない」漁であるという。特にGPSが操業に用いられるようになってからは、漁の「上手」や「下手」がなくなったとともに、大漁もしなければ小漁もしなくなったという。自身の技で漁に結びつける技量と駆け引きの面白さが失われたのである。伊藤さんが、和船のサクバを用いたいと願ったのも、和船の漁場における安定さばかりではなく、その「面白さ」を復元したいと思ったからである。

サクバの復元

サクバはシキナガ（船底の板の長さ）一〇～一二尺・幅三尺未満・深さが一尺一寸の磯舟である。その呼称は、おそらく三陸沿岸のサッパや、日本海側のサンパ、沖縄のサバニ、ハワイの日系人漁村などにあったサンパンにも通じる、磯舟特有の呼称の流れに与《くみ》するものであろう。ただし、閖上ではそのサクバを造れる船大工が震災前からいなくなっていた。

宮城県内で船大工を探したところ、むしろ震災後に需要が増えて、何艘も造っている船大工が、南三陸町歌津の泊にいた。岩石孝喜棟梁（昭和一六年生まれ）である。棟梁は、二二歳で身上がりした後の五五年以上、主に三陸沿岸の外洋で用いる磯舟を造ってきた。

たとえばオッタテと呼ばれる舟は、シキナガ二四尺・幅四尺五寸・深さ二尺一寸の舟であり、カッコと呼ばれる舟は、シキナガ二〇尺、幅三尺五寸・深さ一尺八寸の舟で、磯漁などの「浜仕事」に向いており、少々岩にぶつかっても壊れない頑丈な舟を造っていた。泊のオッタテは、東日本大震災の津波で、全部流されたが、その後も同じ型の舟を造っていた（注2）。それが、今まで手がけたことのない、サクバという汽水域で用いる船を造ることになったわけであるが、大雑把な図面と模型、サクバの古写真だけが頼りであった。

岩石棟梁の造船場は、かつて泊の漁港の近くにあったが、東日本大震災によって、船大工の道具と一緒に流失した。泊港につながれていた磯舟も、ことごとく流されたが、支援によるＦＲＰ（強化プラスチック）船の供給が間に合わず、てっとり早く船を得るために、岩石棟梁に造船を依頼する漁師さんたちが増えた。そのようなときに、ＮＰＯ法人「海と漁の体験研究所」の大浦佳代氏により、船釘などの手配をしていただき、少しずつ船を造り始めたのである。震災後の造船場は、歌津崎の岬へ出る尾根の上にあって津波からは逃れた自宅のそばにつくられた。

船釘は現在、広島県福山市の鞆《とも》の浦《うら》でしか作っていない。それまでは、気仙沼の問屋を通して船釘を得ていた岩石棟梁も、問屋自体が流失したので、鞆の浦へ直接に購入の連絡をとるようになった。鞆の浦で船釘を作っているのは、船釘作り三代目の根元雅史さん（昭和九年生まれ）である。小さな町工場で、今でも注文があれば、一人で作業をしている。岩石棟梁は、釘穴をあけるカタツバという道具も、函館から購入している。これまでの文化財行政においては、和船を造るなどという、技術としての文化遺産・文化財には、あまり注意が向けられてこなかったことがわかる。

サクバの船下ろし。棟梁が墨壺から墨糸を引っ張り出す儀礼（名取市閖上、16.9.25）

さて、そのサクバであるが、材料の木材の見立てがあったのが、石巻市河南町和渕《わぶち》の木材の集荷場で、二〇一六年五月一五日であった。岩石棟梁がマガリカネ一つだけを手に持って出かけ、測定した。実際に船材を歌津の泊に運び、一度乾燥し始めたのが六月に入ってからであり、それから造船作業に入り、九月には完成した。船下ろしは九月二五日に、閖上の浜で行なわれている。

岩石棟梁によると、造船中の儀礼は、①カセギゾメ→②シキスエ→③タナアゲ→④船下ろしの順番で進められる。カセギゾメは仕事開始のこと、シキは船底、タナは外側の板のことである。船下ろしは、先に七節の竹に旗を付けてオモテ（船首）に立てる。それから舟にゴザを敷き、棟梁がオモテに向いて座り、後ろに船主が並ぶ。この日、舟に乗るときはトリカジ（左舷）から乗り、オモカジ（右舷）に下りる。船上で棟梁が行なった儀礼の順序は次のとおりである。

①塩をトリカジ・オモカジの順番で撒く。②

煮干しを二つ折りにした半紙の上に置く。③ワカメを同様の半紙に置く。④ダイコンを半紙に置く。⑤お神酒を盃に注ぐ。⑥塩をトリカジ、オモカジの順番で撒く。⑦墨ツボから墨糸を三回引いてみせる。⑧お神酒を煮干し・ワカメ・ダイコンに注ぐ。⑨お神酒を舟のミヨシ（舳）に注ぐ。⑩米をトリカジ、ミヨシの順で撒く。

このような順序で、最後に棟梁がオモテに向かって拝礼した後、船主に交替した。その後、棟梁と船主が集まった人々に餅を撒き、舟を閖上の港に下ろし、これからの船主（伊藤さん）が右回りに三度櫓《ろ》を漕《こ》いで回って終了した。来春から貝漁に用いられる舟になったのである。

伊里前川のシロウオ漁

岩石棟梁が造船していた泊は半島にある集落にあるが、伊里前湾の奥にある伊里前には、小さな伊里前川が海にそそいでいる。この河口では、前述したように、シロウオ漁が震災前から続いており、震災翌年には早くも再開している。

このシロウオはハゼ科の準絶滅危惧種の魚のことであり、シラウオ科のシラウオとは別の種である。土地で「ザワ漁」とも呼ばれている理由は、川石を並べるだけの簡便な漁であり、石のあいだからザワザワと水音がするからだという。明治時代から、伊里前川を遡るシロウオを、ザルの中に青杉の葉っぱを敷いて捕っていたというが、カゴに変えたのは、昭和二二（一九四七）年ころであったという。

その川石による装置自体も「ザワ」と呼ばれ、正月三日過ぎには「場所取り」の杭を打つ。場所も代々伝えられ、同じようなところに立てる。この場所とは、河口から一キロほどのあいだの、川の上流か下流かの違いであるが、オオシオのときは奥が有利で、コシオは一番前がいい。漁のはじめは河口が有利で、最後の時期は奥が有利ともいわれ、結果的には、それぞれの一漁期の漁獲量はほぼ同量であるという。シオマカセ、(運の)ツキマカセの漁だったからである。また、魚を受け止めるカゴの数も漁獲量の過多に関係しないという。成立当初は一二〜一三軒の、両岸の川のそばに住んでいた人たちが多かったが、震災後の現在は半分の六軒になってしまった。仮設住宅に住んでいる人もあり、川に下りてくることもなくなったからである。伊里前川のような二級河川の場合、漁業権が獲得できず、漁業組合ができないこともあり、細々と楽しみながら、かつ実益も得ながらの生業であった。それでも、復興は迅速であった。

ザワを作るには春の漁期が始まるときに誘い合って作るが、このことを「イソを立てる」といい、二〜三日はかかった。漁期終了後も石をそのままにしておき、ときには、大雨で流れてきた石を集めておく。石の高さは三五〜四〇センチと制限され、川の両端も四〇〜一〇〇センチ(川幅の一割)を開けておくという。ザワ自体も石組みの間から水が流れていなければならず、ダムのように水が静止していると、シロウオが近づいてもそこから動かなくなる。水の流れにもゆるやかな勾配を付けておくなど、ザワの造り方は意外と難しい。伊里前の渡辺千之さん(昭和二三年生まれ)によると、震災後、九五歳になる母親が、亡くなる一週間ほど前に、渡辺さんが川で

シロウオ漁の「ザワ」(伊里前川、10.6.13)

ザワを作っているところへ来て、「こんでは魚捕れませんよ」と語って、いろいろと助言を与えたという。彼女も以前はシロウオ漁の漁師であった(注3)。

カゴの大きさは、横幅が四〇センチで、奥行が六〇センチ、ネットに誘われて入ってしまうと抜け出せない仕組みになっている。以前は、先に述べたように、ザルを入れておいたが、八番線の針金で小さな定置網を考案してから、魚が倍に入ったという。このカゴは気仙沼の人から教えられたというが、構造的には、沖の大網(定置網)に近く、この小さな応用から始められた可能性も大きい。

以前は川の丸い石は苔が付くために魚が寄り、この川の石しか使わないという取り決めがあった。しかし、震災後に川が荒れたので、初めて川の清掃を行なうことになり、新しく石も入れた。この川の清掃に尽力してくれたのは、ボランティアの団体であった。震災翌年の二〇一二年には、バス二台で二〇〇人くらいが東京からやって来て、川を清掃してくれたという。今でも、シロウオの季節が来ると、八〇人くらいが川の清掃に来ている。

漁期は四月一日から六月三〇日までとされているが、桜が一本でも咲けばシロウオが産卵に海から川へ上がってくるという自然暦も伝えられている。かつては伊里前川の川沿いに桜並木があって、漁期には桜の花を眺めながらの漁であったという。シロウオがカゴに入るのを見ていればよいだけの作業だからである。川のアオノリが抜け出すと取れなくなるともいわれるが、シロウオは夏季に砂利に潜って産卵するので、産卵前に捕ることが秘訣である。

漁の時間は、海からの上げシオのときの三〇分くらいであり、石をシオが越え始めたら止める。オオシオの三〜四日くらい、ナカシオの三〜四日くらいが漁に恵まれ、コシオの三〜四日くらいはあまり漁がないという。また、シオと風（南風）が同じ方向に吹くときにザワに入るともいわれる。実際の漁ができるのは、漁期の三カ月のうち一カ月半くらいである。川の水は温かいほうがよく、砂利が温まっていく順序は、伊里前川の場合、右岸→左岸→中央の順番だという。

シロウオが大漁のときは、一日平均三パックは捕れる。一パックは三〇〇グラム。一匹一グラムなので、一パックに三〇〇〜三二〇匹は入っている。一漁期の収入は、多い人で二〇〜三〇万円。以前は、迫町《はざま》（宮城県登米市《とめ》）まで売りに行ったが、当初は二〇〇グラムで一〇〇〇円、最近は半額くらいになった。迫町では天ぷらやオスイに入れて食べている。シロウオは目をおとすと体が白くなるが、透明のほうが高く売れ、泡が多くても安くなるという。現在は、地元のホテルにも卸し、ホテルでは「シロウオの踊り食い」と称して、ワイングラスに五〜六匹を入れて五〇〇円で宿泊客に提供している。

このシロウオ漁は震災の翌年に再開したが、それはシロウオが川にやって来たのを発見したからである。伊里前の千葉正海さん（昭和三〇年生まれ）によると、シロウオが翌年に来たときには「災難を乗り越えて、よくこの川に帰ってきたなぁ」という感じだったという。彼はこのシロウオ漁は「食えるためでもなく、売れるためでもなく、これ自体が生きる喜び」であると語る。このシロウオ漁を再開するときには、防潮堤や道路などのインフラ中心の復興（「近代復興」）とどちらが大切かと、周囲から問われたことが多かったというが、それでもシロウオが伊里前川に来るかぎり、漁を続けることができている。「この川に、この地に生かされていると感じている」と、正海さんは語っている（注4）。前述した渡辺千之さんも、「自然のままにしておくと、復活する」、「自然を残しておけば、必ずいつかは何かいいことがある」と語っている。

閖上の貝漁も、歌津のシロウオ漁もそうであるが、このような周縁的な生業が、基幹的な産業とほぼ同時に再開していることに注意されなくてはならない。被災者にとって、それは経済的な理由だけではなく、何か後回しにできない、再度、生き抜くための力となっているからである。

注1　二〇一六年六月三日、宮城県名取市閖上の伊藤正幸さん（昭和二四年生まれ）より聞書

2　二〇一一年一二月二五日、宮城県南三陸町歌津泊の岩石孝喜さん（昭和一六年生まれ）よ

り聞書

3　二〇一六年六月三〇日、宮城県南三陸町歌津伊里前の渡辺千之さん（昭和二三年生まれ）より聞書

4　二〇一六年六月四日、宮城県南三陸町歌津伊里前の千葉正海さん（昭和三〇年生まれ）より聞書

三、海は一つの大きな生き物である

「海は一つの大きな生き物である」と教えてくれたのは、池間島（沖縄県宮古島市）の漁師、伊《い》良《ら》波《は》進さん（昭和六年生まれ）である。全国的にも、海を相手にしている漁師は、「海は毎日違うからこそ面白い」と、赤銅色に焼けた顔をほころばして語る。海の色、シオの流れ、海上の風の動き、それらによって彼らの目的である魚の捕獲の多寡が決まる。魚との知恵比べとは、海という自然との知恵比べのことであった。

伊良波さんは、銛《もり》を片手に潜水漁にも長けている漁師であったが、台風が来る前に海に潜ってみると、いつもは浅いところにいる海の魚がみな、深いところに潜っているという。タコもこのときは、自分の棲家の穴を大きな石で塞いでいるそうだ。「魚より頭が良くなくては漁師になれない」というのは、自分が捕る魚たちを尊敬している、伊良波さんの持論である。自然の急変を読み取る生物の行動を、さらに読み取る漁師たちもまた、テクノロジー中心の防災方法だけを受け入れている近代的な都市生活者より、危機察知能力が一段と高い。

また、伊良波さんは、潜って捕ったシャコ貝は網袋に入れておき、ときには海中でシャコ貝を取り出し、内臓の部分をさばき、小魚たちに分けて与えるという。それを続けていると、彼が潜ったときに、小魚たちが寄ってきて、シャコ貝がいる場所へ導いてくれるという。各地の追込み漁の漁師たちもそうであるが、彼らは自然科学者のように、海という自然だけを、自分と切り離して対象化しているのではなく、自身の行動も含めて、自然と人間との関わりそのものを対象化しているのである。

奄美大島のカツオ一本釣りの船頭は、沖にカツオの群れが来る季節を、山百合の白い花が咲き始めることで知る。そして、もう一つの自然暦の手だては、睡眠中に暑くなって布団を蹴って足を出してしまうころが、カツオが来る時期だという。カツオや山百合のような自然のサイクルと一体化している漁師の姿がある。海という自然を信じるとともに、もう一つの自然である、自身の体のなかの自然をも信頼しているのである。

もちろん、海の生物全体の動きも把握している。サンゴ礁の敵として駆逐されるオニヒトデに対しても、オニヒトデを食べるホラ貝がいなくなることを危惧している。逆にサンゴが増えすぎても太陽光線に遮られて、サンゴとそこに住む生物たちも生きられなくなる。オニヒトデを、サンゴを掃除してくれる生物と捉えている南島の漁師も多い。ひと組の生物と生物のあいだだけの関係だけでは、海は把握できないのである。

沖永良部島（鹿児島県）の山畠貞三さん（昭和二〇年生まれ）によると、台風が来なくなると、海の温度が高くなってサンゴ礁が白化して死んでしまうという。「プランクトンが発生するサンゴ礁がなくなれば、島に寄る魚はいなくなる。台風という自然とどう付き合うかということが大事なのだ」。海と直接に付き合ってきた潜水漁師の意見である。

東日本大震災（二〇一一年）のとき、三陸沿岸を襲った津波の色が黒かったのは、ヘドロのためである。ヘドロが流されたことで海が近くなり、カキは豊漁になるという。海は人間に対して恵みだけでなく、ときに災いをもたらすが、昭和の三陸津波（一九三三年）の後には、三陸地方はイカの大漁であり、浜々は活況を呈した。昭和と平成の二つの津波を経験した、岩手県宮古市田老町の赤沼ヨシさん（大正六年生まれ）は、そのことを「海は人を殺しもするが生かしもする」と私に語った。

海が一つの大きな生き物であるかぎり、ときには人間を裏切ることさえある。しかし、どんな目に遭ったとしても、最後に海を信頼しなければ、人間は幸せを語ることができなくなる。海と毎日のように対話をしている漁師さんたちの言葉に長らく導かれてきた私は、津波で被災した後も、なおのこと、彼らとその仕事場である海を信じ続けている。

おわりに ―「近代防災」を乗り超えるために

本書は、東日本大震災から一年後に故郷の宮城県気仙沼市を離れ、神奈川大学の日本常民文化研究所に着任し、その後、東北大学の災害科学国際研究所で仕事を続けた、約五年間に書いた一部を編集したものである。あたかも津波の押し波や引き波に翻弄されたように、震災から三年間は、毎年引っ越しをしていた生活であった。

その間に依頼があった原稿は、断ることなく書き続けたが、同じ資料を扱いながらも、少しずつ視点が変わってきていることを確認できた編集作業になった。Ⅰ章の「三陸の海から」は、三陸沿岸を対象とした文章、Ⅱ章の「漁師の自然観・災害観」は本書の副題にも関わる、要になる章、Ⅲ章の「海の傍らで津波を伝える」は、災害を「伝える」ということに力点を置いた文章を連ねた。Ⅳ章の「動き始めた海の生活」は、まだまだ質量ともに足りなかったが、今後の出発点にしたい章である。私もまた動き始めなければならないと思っているからである。

ところで、漁村や港町へ民俗調査にあるいているとき、必ず目に触れるのは、漁協や市場のそばに海に向かって置かれている、使い古されたソファーや椅子である。これらは、主に現役をしりぞいた漁師さんたちが、少しずつ集まってきては座り、海を見ながら雑談をしている場所である。夏には涼を求め、一人暮らしの漁師は仲間と会話をするために足を運んでいる。

もちろん、貴重な情報交換の場でもあるが、たとえ一人であっても、ただ何となく海を見たさにやって来る。波の音がうるさくて眠れない人がいないように、人間は海からの光や風に生きる力をもらっている。一見すると何も意味がないような場所と思えるが、ここからしか海と人間との関わりは出発できない。それは、防潮堤に小窓を切り抜いて海を見せるような、生活感情を無視した幼稚な発想とは対極にある場所である。

ある日、岩手県普代村の太田名部の海へ通じるゆるやかな坂道で、おばあさんたちに出会った。尋ねれば、これから防潮堤の上に建っている小屋へ行くところだという。海を見ながら話をするのが気持ちがよいからだとも語る。太田名部に着いたときから気になっていた小屋であり、「見張り小屋」と呼ばれていたが、その役割は港のそばの使い古した椅子と同じである。その小屋の中に飾ってある古写真には、防潮堤の上でゴム跳びをして遊んでいる元気な子どもたちが写っていた。かつては、防潮堤の上で車座になって漁協の会議も開かれたという。たとえ、防潮堤が自然災害の後に起こる「復興災害」と呼べるような人災になったとしても、人間にはそれさえも超える力があることを知りえた。

三重県鳥羽市の相差《おうさつ》では、海に面して建てられた、いくつかの地蔵を見た。生前の女性の名前か法名、そして「海上安全」などの文字が見える。尋ねれば、海で亡くなった海女さんの一人一人の供養のために建てたという。海で命を取られたけれども、亡くなっても、かつての仕事場であった海を見させてあげたい、そして海で働く私たちを守ってほしいためと、現役の海女さんの一人が語った。毎月の七日と一七日には、海女たちがそれぞれ、これらの地蔵に手を合わせにくるという。仲間を奪った海を恨むことなく、毎日のように、その海へ働きに行っている。東日本大震災の大津波の後に、三陸沿岸の漁師が再び海へ活路を見出したのも同じ心のありようである。

今を生きる者も死者も、それぞれが海を見つめている。海がどんなに危険であろうとも、それを抱え込んで生きてきた、漁業という生業に伴う生活文化や生活感情がある。

漁業に関わる人々が豊かなのは、魚介類などの水産資源が豊かであるだけではない。海に関わり、ままならぬ自然のなかで、人間や生物の生死をじっと見つめてきたからこそ、豊かな考え方を育んできたのである。

最近の社会はどこを見回しても、「リスク管理」が大はやりで、安全に、かつ無駄を省いて、効率を重視するためだけの仕事が、本来の仕事より加速度的にウェイトを増しつつある。自然災害に関わらず、危機に対するシミュレーションごっこは、国防レベルにまでエスカレートしている異常な時代である。明治国家以来の科学信仰とテクノロジー中心の「近代防災」を主とした集団ヒステリー状況が、手のひらを返すように簡単に「国防」に染まってしまうことは、関東大震災（一九二三年）以降の日本の現代史が明らかにしている。

しかし、漁師が関わる海の世界は、ある程度の予測を人間ができても、半分以上は、気まぐれな海と魚の世界に翻弄されている。逆に「海は毎日違うからこそ面白い」と、列島各地の漁師は声をそろえるように言っている。不漁の連続に嘆くことはあっても、次には思いもよらぬ大漁に恵まれる。そのようなメリハリのある生活の喜びが、実は漁師の人間的な豊かさを保証するものであった。

また、人間と海との関わりは、その漁業という生業を通して特徴的な共同性がある。たとえば、鹿児島県の沖永良部島では、思わぬ大漁があったとき、その魚を皆に振舞うと、再び大漁をするという。漁師の語る「寄りもの」は、神から浜に住む者全員に与えられるものだったからである。一方で、同島では海で危険な目に遭ったときにも、その厄を祓うために、村の仲間を呼んできて、飲食を共にしたという。大漁でも海で危険を感じたときでも、共同で分け合うという発想がここに現れている。この共同性は、自然災害や海難事故の場合も同様であり、海でのリスクは、それに関わる者たち全員によって助け合うのが、漁師たちの暗黙の約束であった。いつ自分たちが同じ目に遭うか知れたものではないからである。

漁業の豊かさ、漁師の心の豊かさは、「海」という大きな生き物から恵みと災害との両面を与えられるという、そのような自然との向き合い方のなかから生まれたものに違いない。

折口信夫は、沖縄の「美《ちゅ》ら瘡《かさ》」という、病気の天然痘に美称を付けることに対して、「海の彼岸から来るものは、病いといえども、病気として威力あるだけに、一往は讃め迎え、快く送り出す習しになっていたのである」(「民俗史観における他界観念」)と述べている。岡本太郎も、この折口の一文を受け、「強烈に反撥し、対決してうち勝つなんていう危険な方法よりも、うやまい、奉り、巧みに価値転換して敬遠して行く」方法と述べ、それを「災いをいんぎんに扱って送り出してしまうという辛抱強い護身術」と捉えた。彼はそれを「ちゅらかさの伝統」と呼び、「無防備な生活者の知恵」とも説いた(『沖縄文化論』)。

生活者の知恵とは、本書では、その海と生きる「漁師の知恵」のことである。海という自然を信じ、自らの内なる自然の声にも耳を傾け、それを全体として捉える生き方が、ときに海難や災害にめぐりあったとしても、いつかは大漁の喜びに恵まれ、そこに生きる意味を見出しているのである。本書に随所に述べられている、漁師などの生活者の災害観を前提にしないかぎり、防災や減災の対策は、机上のお絵かきのように、ことごとく失敗するであろうと思われる。

今回も、海や空を指さしながら語っていただいた、列島各地の漁師さんをはじめ、多くの方から大切な話をいただいた。末筆になるが、冨山房インターナショナルの坂本喜杏社長と、編集者の新井正光氏にはたいへんなお世話になった。おかげさまで、九冊目の単著をこのようなテーマでまとめさせていただいた。ありがとうございました。

二〇一六年一二月三一日　災害の多かった年のおわりに

初出一覧〈以下は初出一覧です。本書は初出に訂正・加筆してあります。〉

三陸の海と信仰……日高真吾編『記憶をつなぐ―津波災害と文化遺産』、国立民族学博物館、二〇一二

三陸の歴史と津波……大門正克他編『「生存」の東北史』、大月書店、二〇一三

「東北」の過去から未来へ向けて……『歴史地理教育』831号、歴史教育者協議会、二〇一五

津波と生活文化の伝承……『環境情報科学』41-3、環境情報科学センター、二〇一二

自然災害から回復する漁業集落の諸相……植田今日子編『災害と村落』、農山漁村文化協会、二〇一五

三陸大津波と漁業集落……原題「三陸大津波と漁村集落」『歴史と民俗』30、平凡社、二〇一四

海の音の怪……『怪』0041、角川書店、二〇一四

津波と海の民俗……『震災学』vol 1、東北学院大学、二〇一二

魚と海難者を祀ること……『歴史民俗資料学研究』第18号、神奈川大学大学院歴史民俗資料学研究所、二〇一三

災害伝承と自然観……『口承文芸研究』第三十八号、日本口承文芸学会、二〇一五

津波石の伝承誌……『東北民俗』第46輯、東北民俗の会、二〇一二

津波碑から読む災害観……橋本裕之・林勲男編『災害文化の継承と創造』、臨川書店、二〇一六

災害伝承と死者供養……『口承文芸の現在』、日本口承文芸学会、二〇一七

津波伝承と減災……原題「津波伝承と防災」『東北学』03、東北芸術工科大学東北文化研究センター、二〇

一四

「情けのイナサ」を再び……高倉浩樹・滝澤克彦編『無形民俗文化財が被災するということ―東日本大震災と宮城県沿岸部地域社会の民俗誌』、新泉社、二〇一四

和船の復元と漁労の復興……国立歴史民俗博物館共同研究「震災復興研究会」報告書、二〇一七

海は一つの大きな生き物である……家成俊勝編「対話」京都国際舞台芸術祭配布冊子、私家版、二〇一六

川島秀一（かわしま しゅういち）
1952年生まれ。宮城県気仙沼市出身。法政大学社会学部卒業。博士（文学）。東北大学附属図書館、気仙沼市史編纂室、リアス・アーク美術館、神奈川大学特任教授などを経て、現在、東北大学災害科学国際研究所教授。
著書に、『ザシキワラシの見えるとき』（1999）、『憑霊の民俗』（2003）、『魚を狩る民俗』（2011・以上三弥井書店）、『漁撈伝承』（2003）、『カツオ漁』（2005）、『追込漁』（2008・以上法政大学出版局）、『津波のまちに生きて』（2012）、『安さんのカツオ漁』（2015〈第26回高知出版学術賞〉・以上冨山房インターナショナル）、編著に山口弥一郎『津浪と村』（2011・三弥井書店）などがある。

海と生きる作法
―漁師から学ぶ災害観

2017年3月11日　第1刷発行

著　者　川 島 秀 一
発行者　坂 本 喜 杏
発行所　株式会社冨山房インターナショナル
〒101-0051
東京都千代田区神田神保町1-3
TEL 03(3291)2578
FAX 03(3219)4866
URL:www.fuzambo-intl.com

印　刷　株式会社冨山房インターナショナル
製　本　加藤製本株式会社

ISBN 978-4-86600-025-1 C0039

津波のまちに生きて

川島秀一

宮城県気仙沼に生まれ育ち、三陸沿岸の漁民の生活と文化をもっともよく知る民俗学者が、東日本大震災の被災体験と、海とともに生きてきた人々の民俗を描く。（一八〇〇円＋税）

安さんのカツオ漁

川島秀一

一人の船頭の半生から見たカツオ一本釣り漁—自然を敬う伝統と日本独特の大切な文化。漁師の日常を追いながら、カツオ一本釣り漁の姿を浮き彫りにする。（一八〇〇円＋税）

谷川健一全集

全二四巻（各巻六五〇〇円＋税・揃一五六〇〇〇円＋税）

第1巻**古代1** 白鳥伝説／第2巻**古代2** 大嘗祭の成立、日本の神々他／第3巻**古代3** 古代史ノオト他／第4巻**古代4** 神・人間・動物、古代海人の世界／第5巻**沖縄1** 南島文学発生論／第6巻**沖縄2** 沖縄・辺境の時間と空間他／第7巻**沖縄3** 渚の思想他／第8巻**沖縄4** 海の諸星、神に追われて他／第9巻**民俗1** 青銅の神の足跡、鍛冶屋の母／第10巻**民俗2** 女の風土記他／第11巻**民俗3** わたしの民俗学他／第12巻**民俗4** 魔の系譜、常世論／第13巻**民俗5** 民間信仰史研究序説他／第14巻**地名1** 日本の地名他／第15巻**地名2** 地名伝承を求めて他／第16巻**地名3** 列島縦断 地名逍遥／第17巻**短歌** 谷川健一全歌集他／第18巻**人物1** 柳田国男／第19巻**人物2** 独学のすすめ、折口信夫他／第20巻**創作** 最後の攘夷党、私説神風連他／第21巻**古代・人物補遺** 四天王寺の鷹他／第22巻**評論1** 評論、講演他／第23巻**評論2** 評論、随想、講演他／第24巻**総索引**